Manual do Brasileiro
NÃO PRATICANTE

EU ME
RECUSO
A DAR
ERRADO

PAULO MACCEDO

Manual do Brasileiro
NÃO PRATICANTE

Eu me
RECUSO
A DAR
ERRADO

DVS EDITORA

www.dvseditora.com.br
São Paulo, 2022

Acesse o seu presente

Por ter adquirido este livro, você tem direito a acessar uma aula que eu gravei exclusivamente para os meus leitores. Para assistir gratuitamente, basta ir pelo link:

www.paulomaccedo.com/presente

Dedicado a todos os náufragos.

EU ME RECUSO A DAR ERRADO

DVS Editora Ltda. 2022
Todos os direitos para a língua portuguesa reservados pela Editora.

Nenhuma parte deste livro poderá ser reproduzida, armazenada em sistema de recuperação, ou transmitida por qualquer meio, seja na forma eletrônica, mecânica, fotocopiada, gravada ou qualquer outra, sem a autorização por escrito dos autores e da Editora.

Design de capa, projeto gráfico e diagramação: Joyce Matos

Revisão geral: Wendy Campos

Pré-edição: Igor Barbosa

```
        Dados Internacionais de Catalogação na Publicação (CIP)
               (Câmara Brasileira do Livro, SP, Brasil)

        Maccedo, Paulo
            Eu me recuso a dar errado : manual do brasileiro
        não praticante / Paulo Maccedo. -- São Paulo : DVS
        Editora, 2022.

            ISBN 978-65-5695-049-5

            1. Autoajuda 2. Crescimento pessoal
        3. Desenvolvimento pessoal 4. Filosofia
        5. Motivação 6. Psicologia aplicada 7. Tomada de
        decisões I. Título.

  21-90985                                         CDD-158.1
                    Índices para catálogo sistemático:

            1. Autoajuda : Crescimento pessoal e profissional :
                Psicologia aplicada   158.1

            Maria Alice Ferreira - Bibliotecária - CRB-8/7964
```

Nota: Muito cuidado e técnica foram empregados na edição deste livro. No entanto, não estamos livres de pequenos erros de digitação, problemas na impressão ou de uma dúvida conceitual. Para qualquer uma dessas hipóteses solicitamos a comunicação ao nosso serviço de atendimento através do e-mail: atendimento@dvseditora.com.br. Só assim poderemos ajudar a esclarecer suas dúvidas.

SUMÁRIO

Prefácio 9

Do autor 13

Algo semelhante a uma autobiografia 17

A turma do fundão 43

As únicas idéias verdadeiras 121

Posfácio 123

Agradecimentos 125

Uma lista de livros 127

"Eu sou eu e minha circunstância, e se não salvo a ela, não salvo a mim."

— JOSÉ ORTEGA Y GASSET

PREFÁCIO

Contar história é uma forma eficiente de terapia. Uma das mais antigas. Desde que o homem é homem ele faz uso das mais diversas formas de narrativas para jogar luz sobre os seus tormentos e problemas. No entanto, raríssimas são as pessoas capazes de mergulhar tão fundo para exorcizar os demônios que lá habitam. Esse foi um dos maiores esforços socráticos. Filósofo da Praça Pública (Ágora) de Atenas, passou a vida inteira admoestando os seus conterrâneos a se dedicarem àquilo que realmente importa: à verdade e ao bem. Tomou a frase do Oráculo de Delfos como mote para a sua filosofia: "Conhece-te a ti mesmo." E o que é conhecer melhor a si mesmo senão olhar para o passado e oferecer uma unidade a certas experiências que antes pareciam dispersas?

Maccedo realiza isso com maestria. Ele nos ensina, como um estóico nos ensinaria, que a vida é uma contínua busca pela ordem por meio da superação de traumas. Numa sociedade em que as pessoas são extremamente frágeis, sua escrita parece ter saído não de uma caneta, mas de um cinzel que marreta a rocha para lhe dar forma e ordem. Aliás, não é essa potência de ordenar a desordem uma das atitudes mais sublimes de Deus? "Faça-se a luz", e a luz foi feita em meio às trevas. Todo ato de ordenação é uma imitação daquela vontade divina que fez surgir a harmonia primordial. Ao ordenar os eventos da sua vida, Maccedo joga luz sobre os eventos das nossas próprias vidas. Essa é a força do escritor: conceituar e simbolizar as sensações, sentimentos, experiências que as pessoas comuns não são capazes de compreender.

Vale salientar que esse tipo de esforço é extremamente desgastante. Dá para sentir o drama que surge de passagens como esta: "Mas posso dizer que morri e ressuscitei espiritual e mentalmente várias vezes, que sobrevivi à catástrofe social brasileira e lutei grandes guerras diárias.". A experiência que se manifesta é solene como a das tragédias gregas que, apesar de narrarem eventos funestos, cantam as mais belas virtudes heróicas. Porque resistir com bondade aos sofrimentos e às maldades é para poucos. Esse é o lema essencial de *Eu Me Recuso a Dar Errado*.

Recusar-se a dar errado é ir contra a vida mundana; é entrar numa batalha com a finalidade de vencer, mas vencer de modo justo; é ser um realista, mas sem deixar de ter a esperança como guia; é fazer o melhor em meio ao que há de pior; é não se esquecer de que o bem exige esforço contínuo e, por isso, sempre será o caminho mais difícil. É uma persistente recusa de se deixar levar por meios mais fáceis que nos conduzem ao vício.

Esta obra que está prestes a ler não possui qualquer tipo de narrativa. Repito: ela carrega em si um efeito terapêutico. Como se fosse um exercício espiritual que leva o leitor a absorver as experiências vividas para que possa, por meio delas, transformar sua personalidade. Amadurecê-la. Deixar de enxergar os fenômenos da vida como eram vistos até então. Despojar-se de certos hábitos viciosos que diminuem a nossa alma, que fazem-na ter uma visão limitada da própria existência, que faz o sujeito ser um "brasileiro praticante". O que significa ser brasileiro praticante? Essa resposta quem dará é o autor.

> **Rodrigo Oliveira**, conhecido pelo pseudônimo Seymour Glass — Possui graduação em Filosofia pela Pontifícia Universidade Católica de Minas Gerais (2009) e mestrado em Estética e Filosofia da Arte pela Universidade Federal de Ouro Preto (2013). Doutorando em Ciências da Religião pela Pontifícia Universidade Católica de Minas Gerais (2019). Atualmente é professor Assistente I da Pontifícia Universidade Católica de Minas Gerais e do Colégio Militar Tiradentes. Atua principalmente nos seguintes temas: Moral, Hume, Deus, Nietzsche, Dionisíaco, Misticismo, Lógos e Psyché na Filosofia Antiga, Eric Voegelin, Totalitarismo, Religião Política.

"Tenho duas armas para lutar contra o desespero, a tristeza e até a morte: o riso a cavalo e o galope do sonho. É com isso que enfrento essa dura e fascinante tarefa de viver."

— ARIANO SUASSUNA

DO AUTOR

Este é um livro diferente de todos que já publiquei, tanto na forma quanto na essência. Diferentemente dos meus seis títulos técnicos e dos meus dois romances anteriores, esta obra é dedicada à **filosofia prática**, designação sugerida pelo meu amigo Seymour Glass, filósofo por formação, que me deu a honra de prefaciar este meu trabalho. Achamos mais adequado que "autoajuda", "motivação" ou "desenvolvimento pessoal" — conquanto tais elementos caibam aqui.

No decorrer da leitura, você notará que este trabalho foi concebido a partir de uma coletânea de pequenos ensaios a respeito de assuntos relacionados entre si, todos apontando para um ponto específico: **resistência**. Minha idéia foi esta: reunir escritos substanciais que revelassem um pouco da minha visão pessoal sobre o que significa **resistir**.

Entretanto, apesar do tom autobiográfico, principalmente nas primeiras páginas, este livro não é sobre mim, mas sobre você. Sou apenas um tipo de propagandista daquilo que pode levá-lo a rejeitar diferentes tipos de **sabotagem**, incluindo aquela que começa em nós mesmos.

É possível que você leve alguns *choques de realidade* durante a leitura. Aliás, espero que isso aconteça, pois meu desejo é que você se sinta vivo e motivado a não aceitar o que qualquer pessoa ou sistema tente lhe impor. Sim, este também é um livro sobre **liberdade**.

Não quis injetar em você mais doses de pessimismo trágico, nem levá-lo a uma overdose de *água com açúcar motivacional*. A receita é outra completamente diferente, mais interessante e fascinante — aquilo que Ariano Suassuna chamou de **"realismo esperançoso"**. Afinal, como ele mesmo explicou: "O otimista é um tolo; o pessimista, um chato."

E se existe algum autor que eu gostaria de citar agora é José Ortega Y Gasset, filósofo espanhol. De sua obra "roubei" três elementos que me ajudaram a formar idéias sobre como resistir à vida medíocre. O primeiro recorte abre este livro e fala sobre **"salvar as circunstâncias e a si mesmo"**.

O segundo é este que eu escrevo com outras palavras:

> *"Assim, a vida nobre se contrapõe à vulgar, que é essencialmente estagnada e se fecha em si mesma, estando condenada a valorizar uma realidade mais baixa, exceto se uma força exterior a obrigar a sair dessa condição."*

A terceira, a que reproduzo na íntegra:

> *"Para mim, nobreza é sinônimo de vida esforçada, sempre disposta a superar-se a si mesma, a transcender o que já é para o que se propõe como dever de exigência."*

Você perceberá que tudo isso se encontrará na mesma esquina, após seguir em direção à placa que aponta para **a cidade dos que se recusam a dar errado.** Desejo, de coração, que você tenha uma excelente leitura!

Nota: O autor preferiu ignorar algumas regras do Novo Acordo Ortográfico (2009), principalmente no quis diz respeito ao acento de palavras paroxítonas como "idéia" e "estóico".

"Muitos homens, muitos mesmo, enfrentaram os mesmos problemas morais e espirituais que você está enfrentando agora. Felizmente, alguns deles guardaram um registro de seus problemas. Você aprenderá com eles, se quiser. Da mesma forma que, algum dia, se você tiver alguma coisa a oferecer, alguém irá aprender alguma coisa de você. É um belo arranjo recíproco. E não é instrução. É história. É poesia."

— CONSELHOS DO PROF. ANTOLINI,
AO JOVEM HOLDEN CAULFIELD, EM
O APANHADOR NO CAMPO DE CENTEIO, J. D. SALINGER.

ALGO SEMELHANTE A UMA AUTOBIOGRAFIA

1

Nasci em 1989, em Belford Roxo, periferia da região metropolitana do Rio de Janeiro. Para você ter uma idéia: segundo dados da ONU, Belford Roxo já foi eleita a cidade mais violenta do mundo. Como se pode imaginar, cresci em um ambiente altamente hostil, vendo de perto a barbárie e a desigualdade.

Tive uma infância dura e difícil. Meu pai era lancheiro e minha mãe diarista, e o salário dos dois mal dava para nos alimentar. Morávamos de aluguel e vivíamos mudando de casa, cada uma pior que a outra.

Entre 1994 e 1999, morei em duas favelas, Morro da Palmeira e Morro da Bacia (em um município vizinho). No primeiro morro, a casa ficava quase ao lado da *boca de fumo*. Ainda pequeno, vi armas, drogas, violência. No segundo, fomos alguns dos primeiros moradores, ou seja, estávamos formando a comunidade — ou, em outros termos, fundando a favela.

Tenho muitas lembranças desse tempo. Uma delas é de quando precisava ficar sozinho tomando conta do meu irmão (eu tinha oito, ele, cinco anos). Isso aconteceu algumas vezes enquanto minha mãe encarava horas e horas em lotações para limpar casas de famílias ricas no centro do Rio e meu pai rodava a cidade em busca de bicos como pedreiro. Lembro com detalhes de outras situações vividas nesta época, algumas das quais prefiro ocultar, por ainda serem capazes de me partir o coração.

1999. Nesse ano, *descemos para o asfalto* e fomos morar de favor na casa de um tio, irmão da minha mãe, num lugar chamado Heliópolis, bairro relativamente menos violento, se comparado com as favelas por onde passamos.

Em Heliópolis, passei a maior parte da minha infância e adolescência. Foi uma época boa, apesar das dificuldades financeiras ainda constantes. Fiz amigos, rodei pião, soltei pipa, joguei bola, namorei as menininhas... enfim, tornei-me um garoto comum de periferia.

Depois de um tempo, porém, comecei a preferir atividades solitárias, como desenhar e ouvir música. Sempre *tive queda* para a arte, apesar de não ter nenhum exemplo ou incentivo em casa, e estou certo que essa inclinação artística me salvou em muitos momentos.

Outro detalhe é que sempre estudei em escola pública. Por oito anos, fui aluno de um CIEP, o famoso "brizolão". Lá eu briguei, namorei, tomei advertência, fugi, pichei muros. Não fui o que podemos chamar de bom aluno — queria saber apenas de meninas, skate e rock and roll, e estava pouco me lixando para as matérias escolares.

Fui *arteiro* até certo ponto; só não me envolvi com drogas e crimes pesados. Quanto a isso, meu pai foi meu maior herói, deixando claro que eu não teria um bom destino se me envolvesse com esse tipo de coisa. Minha mãe também *pegava no meu pé*, alertando-me sobre os riscos dos "tecos" e dos "becks".

A educação religiosa que recebi também me ajudou a me manter longe de situações que pudessem prejudicar os outros e a mim mesmo. Como muitas famílias periféricas, fomos catequizados por cristãos pentecostais, membros da Assembléia de Deus. Apesar de ter me afastado desse ambiente, sou grato a Deus por ter colocado pessoas boas em nosso caminho. Pessoas que nos ajudaram não apenas espiritualmente, mas também materialmente, por meio de doações, cestas básicas e dinheiro para o gás.

Aqui destaco algo que ficou perceptível ao longo do tempo: uma mistura entre barbárie e civilidade, anarquia e religiosidade, rebeldia e submissão, moldou meu caráter. No colégio, mesmo sendo da turma do fundão, adorava viajar nos livros. Odiava a escola, mas amava estudar, por isso matava aulas — principalmente de matemática — para ficar lendo na biblioteca. Do mesmo modo, apesar da ousadia adolescente e das aventuras delinquentes, a fé em Deus prevalecia. Gostava de frequentar os cultos na pequena congregação e ouvir sermões sobre Jesus.

Sempre valorizei a liberdade mais que tudo, por isso fazia minhas próprias regras. Não gostava de seguir, apenas por seguir, os padrões estabelecidos pelas instituições: família, igreja e escola, apesar de amar as pessoas que nelas estavam. Eu queria apenas me sentir livre e tomar minhas próprias decisões. Para a minha sorte, não tomei decisões que poderiam levar à morte.

Ao me esconder na biblioteca, conheci Machado de Assis, Carlos Drummond de Andrade, Clarice Lispector e outros autores que me mostraram um caminho fascinante. Passei a gostar de aprender com os livros, envolvido pelo silêncio que passeava pelos corredores da sala de leitura.

Isso foi bem antes da internet chegar às massas da periferia fluminense.

2

Quando eu tinha nove anos, comecei a trabalhar para ajudar em casa. Meu pai, que já atuava como pedreiro em tempo integral, começou a me levar para as construções. Na verdade, fui eu quem insistiu para que ele fizesse isso. Na minha cabecinha, se eu quisesse conquistar um novo material de desenho, precisava carregar tijolos e *bater massa*. Então, de segunda à sexta, após a escola, passei a me dedicar ao ofício de ajudante.

Nas sextas-feiras, final do expediente, parávamos na papelaria. Feliz e sujo de cimento, eu comprava alguns lápis 2B, borracha, um bloco de papel sulfite e voltava para casa ansioso para usá-los. Treinei desenho praticamente todos os dias, por três anos, o que me ajudou a vencer um concurso de histórias em quadrinhos num programa social do bairro — até hoje me orgulho disso.

Virar concreto, ir para a escola e desenhar — minha vida foi essa até os treze anos, quando fui recrutado por um vizinho para trabalhar numa marcenaria. Como a remuneração era maior, deixei de "bater massa" para "lixar madeira". Era um trabalho de meio período.

Nessa época, comecei a viajar sozinho de ônibus da Baixada ao centro do Rio para montar os móveis que fabricávamos. Eu saía da escola, "batia um rango" rápido, me ajeitava e ia para o ponto de ônibus. Minutos depois, enfrentava o busão lotado.

Uma música que me marcou nessa época foi "Rodo Cotidiano", da banda O Rappa, que diz numa das estrofes:

> *Sou mais um no Brasil da Central*
> *Da minhoca de metal que corta as ruas*
> *Da minhoca de metal*
> *É, como um concorde apressado cheio de força*
> *Que voa, voa mais pesado que o ar*
> *E o avião, o avião, o avião do trabalhador*

Algo que nunca esqueço foi quando precisei dormir na rua. Havia chovido, o Rio estava alagado e os ônibus não podiam circular. Tive que ficar ali pelo terminal, sentado em folhas de papelão, sozinho, com fome e com medo. Vi coisas sinistras naquele dia — quem já frequentou as madrugadas da Central do Brasil sabe bem do que estou falando.

3

Quando completei quinze anos, meus pais tomaram uma decisão que deu outro rumo à minha vida: nos mudamos para a região litorânea. Em Cabo Frio, continuamos muito pobres, mas o ar já era outro. Eu não via tráfico e violência com tanta frequência e ainda podia dar uns mergulhos na praia de Unamar.

Continuei batalhando em obras e oficinas de marcenaria. Trabalhava durante o dia, estudava à noite. Em certo período, não tinha nem mesmo bicicleta e precisava ir a pé para a escola — caminhava cerca de dez quilômetros, cinco para ir e cinco para voltar.

Em determinada época, comecei, por conta própria, a estudar *aerografia* — um tipo de desenho feito com pistolinha de pintura e compressor. Com a ajuda da minha namorada, hoje esposa, montei um equipamento e passei a treinar em lençóis e em roupas velhas até o traço ficar razoável.

Quando achei que estava pronto, resolvi dar um passo mais largo: vender minha arte. Tive então a primeira experiência com a livre iniciativa. Investi todo meu salário de ajudante de marceneiro em materiais, e no período de carnaval, arrumei um ponto em frente à praia para vender as camisetas.

Importante ressaltar que eu não fazia idéia do que era empreendedorismo, marketing ou vendas — o que só fui entender anos mais tarde. No entanto, eis o que toda essa experiência consolidou em mim: o prazer de produzir e vender.

A empolgação adolescente pelo desenho e pela aerografia passou, mas a paixão por produzir permaneceu. E se há uma lição que aprendi já vendendo aquelas camisetas desenhadas, é esta: histórias vendem. Quando as pessoas chegavam e olhavam o mostruário de desenhos que ficavam nas pastas, perguntavam o que cada figura representava.

Então eu contava a história dos personagens, dos símbolos, dos tribais e mandalas. Falava da origem de frases "filosóficas" a que algumas gravuras remetiam, como *carpe diem*, que em latim significa "aproveite o dia". Isso as encantava e as deixava mais desejosas pelas camisetas.

Foi assim que, no carnaval de 2006, vendi mais de cinquenta camisetas grafitadas aos turistas nos três primeiros dias de festa (no quarto dia, eu não tinha mais malha e tinta — o estoque acabou). Tive um bom lucro, mas como é de se esperar, o empreendimento não foi adiante. Eu era um garoto inexperiente, não sabia como sustentar um negócio. No entanto, o feito me fez despertar para uma nova forma de ganhar a vida.

Tornei-me empreendedor.

4

Um amigo brinca dizendo que eu já trabalhei com tudo o que se pode imaginar. E é verdade! Do final da infância ao começo da juventude, alternei entre construção e marcenaria.

Depois passei por diversos comércios, como carregador, estoquista, repositor e até caixa de supermercado, trabalhando de segunda a sábado para ganhar um salário ridiculamente baixo.

Nesse tempo, tive carteira assinada apenas duas vezes. Nas horas vagas, eu me metia a criar negócios, como uma empresa de aerografia no fundo do quintal, como contei no capítulo anterior.

Aos dezessete, também empreendi abrindo um trailer de hambúrgueres junto com minha mãe — isso sem parar de estudar e de praticar arte, desenho e música. O curioso é que, apesar de trabalhar muito, vivia sem dinheiro. Sofria para pagar as contas e andava *mais duro que coco*.

Em 2009, entretanto, algo diferente aconteceu. Na época, eu tinha dezenove anos e estava recém-casado. Minha esposa havia deixado o conforto da casa dos pais para morar comigo, em Cabo Frio, e eu tinha uma responsabilidade enorme pela frente. Precisava sustentá-la, não deixar faltar o pão, ser o homem da casa.

Nesse período, eu andava ansioso e preocupado, apesar de não falar para ninguém. Na época, havia acabado de ser contratado em regime CLT como repositor em uma papelaria. No meu terceiro dia de trabalho, um homem entrou na loja e eu expressei aquela famosa frase:

— Posso ajudar?

— Vou dar apenas uma olhadinha nos livros — respondeu ele.

Caminhei ao seu lado em direção à livraria, que ficava nos fundos da papelaria. Fiquei próximo ao homem, puxei assunto e depois mostrei os lançamentos. Como eu adorava ler, tinha gravado praticamente todos os títulos que eram vendidos ali.

Para resumir, foram suficientes dez minutos de atendimento para que eu vendesse seis livros ao cliente. Fiquei abismado, já que na época, tendo uma vida de proletário, demorava meses para conseguir comprar um mísero livrinho.

A história fica ainda mais interessante: aquele sujeito que comprou os livros era um vendedor profissional. Ou seja, eu vendi para um vendedor. E antes de descer as escadas da livraria, o homem me disse algo que nunca mais vou esquecer:

— Ei, você já pensou em trabalhar com vendas? Invista nisso, cara! Veja, você acabou de me vender seis livros.

E prosseguiu explicando que se eu me tornasse vendedor direto, poderia ter lucro, e que "lucro é melhor que salário"...

Meus olhos brilharam.

Alguma coisa me disse que aquele conselho era valioso e que eu deveria considerá-lo.

Como eu estava inconformado de ter apenas um emprego normalzinho, que realmente não me dava mais que aborrecimento e um salário no final do mês, enxerguei a oportunidade de ter uma vida melhor a partir das vendas. Até então, eu já havia tido experiências com vendas de camisetas e hambúrgueres, mas a ficha só caiu quando o comprador de livros me disse aquilo.

Aceitando a idéia de que eu levava jeito para vender, passei a devorar tudo o quanto era livro sobre vendas. Nos meses seguintes, li incansavelmente títulos sobre negócios, técnicas de vendas, linguagem corporal, marketing e oratória. Eu estava disposto a aprender tudo o que podia sobre a arte de vender. Passei a alimentar o pensamento de que quando saísse daquela empresa eu me arriscaria como vendedor direto. Correria atrás das comissões e do lucro.

Passou-se um ano e meio até que fui demitido. Fiquei preocupado já que, mesmo sabendo o queria, não tinha outro emprego em vista. Como eu conto em meu outro livro, *Eu, Vendedor*, algo divino aconteceu nesse dia. Após receber a notícia da demissão, no horário do almoço, resolvi ir para casa e dar a triste notícia à minha esposa.

Como eu trabalhava a quatro quilômetros de casa, e não podia pegar ônibus todo dia, fazia o percurso de bicicleta. Então, já *no olho da rua*, peguei a *magrela* e comecei a pedalar. Cerca de setecentos metros depois — acredite se quiser! — avistei uma placa que dizia:

PRECISA-SE DE VENDEDORES

Era a luz surgida após a escuridão. Uma nova chance dada após uma oportunidade perdida. Ainda sem acreditar muito, parei para perguntar sobre a vaga e me deparei com uma senhora que tinha um projeto de um jornal. "Sim, meu filho, preciso de vendedores para fechar novos anunciantes para este editorial", disse ela.

Expliquei minha situação a ela e disse que eu andava estudando muito sobre vendas, pois passara mais de um ano lendo a respeito. Pedi uma oportunidade, e ela me contratou na mesma hora, dizendo para eu começar na semana seguinte. Cheguei em casa com duas notícias, uma ruim e uma boa: eu acabara de ser demitido e já tinha arrumado outro trabalho.

Como estava em período de aviso prévio, ainda permaneceria um mês no emprego, mas decidi já prospectar clientes para o jornal nas minhas folgas, às quartas-feiras. Na semana seguinte à demissão, lá estava eu andando pelas ruas de Cabo Frio, vestido com um uniforme social de vendedor e segurando uma mala com material de prospecção.

Para resumir: em três meses, vendi 70% dos espaços do jornal, mesmo sem nenhuma experiência prática anterior com vendas, apenas usando o conhecimento obtido por meio da leitura. No entanto, como o dinheiro ainda não foi suficiente para pagar a primeira edição do jornal, e a grana do seguro desemprego estava acabando, fiquei com medo e decidi voltar a trabalhar em lojas, dessa vez como ajudante de estoque, carregando caixas.

Vi meu desejo de atuar como vendedor e receber comissões quase descer para o ralo, até que um mês depois recebi um recado de um cara que precisava de um vendedor para sua rádio.

Imediatamente entrei em contato com ele e, depois de algumas negociações, fui contratado. Lá estava eu novamente atuando como vendedor, dessa vez numa segunda empresa, já consolidada no mercado.

Mais um ano se passou após meu ingresso na rádio e, satisfeito com meus resultados como vendedor, o dono da rádio me ofereceu sociedade. Então eu fui de vendedor direto a dono de empresa.

Desde então, nunca mais trabalhei em regime CLT — descobri na prática que "lucro (realmente) é melhor que salário". Hoje estou aqui, atrás de um computador com internet, que é a única ferramenta de que eu preciso para vender a milhares de pessoas que se conectam com a minha mensagem.

5

Durante minha jornada, sempre procurei identificar minha posição na sociedade. O que eu represento de fato? Que papel eu tenho como homem de vendas e escritor? Ganhar dinheiro e ter conforto é o suficiente? Devo me preocupar com algo mais do que bater metas e pagar os impostos em dia? No caso do empreendedorismo, cheguei a algumas conclusões...

Não considero empreendedores como os salvadores da pátria. Não num sentido estrito. Somos, sim, responsáveis por grandes mudanças socioeconômicas, e por relevância econômica, mas geralmente o ofício se limita a isso, o que, claro, é algo bom.

Entendendo isso, costumo colocar no pedestal tudo aquilo que empreender pode trazer de positivo. No meu caso, aprendi muitas coisas criando e iniciando negócios. Por exemplo, empreendendo aprendi a não ficar dando desculpas quando algo dá errado.

Certa vez, um amigo escreveu que sofria com o uso da droga "vitimismo". Gostei da analogia e entendi como ele se sentia, pois também sofri com isso por anos. O problema era sempre o outro: o sistema, o governo, o patrão, o Papa, o pernilongo zunindo próximo ao ouvido, mas nunca eu mesmo o responsável pelas próprias falhas. Graças a Deus enxerguei que precisava me livrar disso se quisesse viver de forma mais relevante.

Essa mentalidade de "ser sempre a vítima" o aprisiona, deixando-o sempre à margem, mantendo-o na zona de conforto, na linha da mediocridade, andando de marcha à ré, apostando em jogos de azar. Entretanto, quando há acertos, claro, você grita para o mundo que foi você quem os realizou. "Ah, nossa, viu? Mérito meu". Mas se der errado, *uhm!*, sempre tinha um porquê, um porém, uma razão.

Se tem uma coisa de que a iniciativa pessoal o salva é isso. Se você não tem iniciativa, simplesmente não faz; se não vai para frente com tudo, não paga nem mesmo as contas; se não arrisca para lançar algo, simplesmente não realiza; se não *mete a cara* para enfrentar a burocracia, não tem jogo.

Você acaba olhando a vida de outra forma, e para de dar desculpas para quase tudo. Misture isso à ética, bom senso, humildade e respeito às pessoas, pronto, você tem a receita para não dar errado na vida.

Então, para resumir, empreender nos liberta de sermos medíocres e vitimistas. É um meio para ser "curado" do "não dá para fazer", do "não consigo", do "vou tentar" e do "depois eu faço".

Gosto de associar a iniciativa empreendedora ao conceito de "homem livre", estatuto jurídico e social da Europa medieval e moderna, caracterizado essencialmente pela não sujeição ao regime da servidão.

Naqueles tempos, com a formação do sistema feudal, a maioria da população pobre foi submetida à servidão e fixada no campo, onde era encarregada de todos os trabalhos pesados, onerada com várias taxas e impostos, dependia da autorização dos senhores feudais para qualquer iniciativa, não tinha liberdade de movimento e sua força de trabalho podia ser vendida ou alugada a terceiros. O regime era semelhante à escravidão.

Já os homens livres não estavam submetidos a esse jugo, e detinham significativos privilégios. Não podiam ser torturados para obtenção de prova judicial, eram isentos de alguns impostos, geralmente eram possuidores de terras livres de tributos, que podiam transmitir em herança, detinham alguma autoridade governamental sobre os trabalhadores de suas terras, podiam caçar, participar de tribunais e ser alistados entre os homens de armas, e eventualmente se tornar cavaleiros, atribuições que lhes emprestavam prestígio.

O empreendedor dos nossos tempos é um tipo de homem livre, alguém que não é exatamente um senhor feudal, mas também não faz parte da plebe; ele desfruta de determinadas liberdades, é livre para "caçar" e, eventualmente, goza de prestígio diante da sociedade.

6

Recentemente completei dez anos empreendendo, depois de ter tido uns dez empregos, iniciar vários negócios físicos e viver infeliz e insatisfeito em todos eles. Mas não, a culpa não era dos outros. Era minha. Era eu que não tinha a mentalidade correta.

Por mais que me dedicasse, por mais que me empenhasse, que chegasse mais cedo que todo mundo e batesse cartão antes de o galo cantar, o "sucesso" não chegava. Vivia me desentendendo com os chefes, gerentes e outros proletários, até que entendi que, se eu não mudasse, estaria fadado a ser um *servo rebelde* por toda a vida. A verdade é que não conseguia ser empregado, mesmo como vendedor, mas não percebia. E a verdade é que eu não deixei de ser um tipo de funcionário, mesmo tendo nome de sócio da rádio que eu administrava.

Até que eu encontrei uma porta...

Ouvi alguém dizer que eu poderia ter meu próprio negócio digital, que poderia ser empreendedor com um computador e acreditei naquilo. Comecei a tentar empreender na internet. Fui em busca da chave da porta. Algum tempo se passou até que cheguei ao decisivo momento de escolher e entre continuar vivendo para os sonhos dos outros ou definitivamente viver para o meu.

Escolhi o segundo caminho.

Deixei para trás o *status* que meu último emprego no meio físico me proporcionava, e abri mão da chance de ser *famo-*

sinho na cidade onde eu morava. Não quis mais esperar a próxima oportunidade de garantir comissões como vendedor no negócio de outro. Larguei tudo para viver o sonho de ser dono do meu próprio nariz.

Detalhe: fiz isso arriscando ganhar menos do que eu ganhava. Quinhentos reais foi o primeiro salário no meu novo negócio, um terço do mínimo que eu conseguia tirar antes. Pesou, mas eu estava certo de que conseguiria avançar.

Ouvi de muita gente que não daria certo. Encarei o ceticismo e o pessimismo de pessoas que eu gostava e admirava. Chorei sozinho no quarto; tive dúvidas; tive medo; tive receio de decepcionar minha família. Mas segui adiante. Encarei o desafio.

O primeiro ano foi terrível. Tive que trabalhar muitas horas por dia. Passei a escrever mais do que nunca. Fazia de sete a dez artigos por dia para tirar alguma coisa no fim do mês. Mas, *ufa!*, consegui pagar as contas.

Fui vivendo assim, acreditando no crescimento e que chegaria a um lugar melhor. No segundo ano, voltei a trabalhar na empresa de alguém, mas foi o melhor emprego que eu tive na vida. Lá eu pude aprender a empreender de verdade, a construir uma mente voltada para o êxito, a dar valor ao que sempre acreditei, a não abrir mão dos meus valores.

Continuei com meu negócio nas horas vagas, subi de nível, respirei.

Então, depois de dez anos, estou aqui, de volta, vivendo somente do que sei fazer melhor: escrever. Tenho um negócio consolidado, atendo gente do Brasil inteiro direto do meu home office, já conheci alguns estados, fiz viagens internacionais, palestrei nos melhores eventos do setor e lancei alguns best-sellers.

Posso dizer que consegui, ou melhor, que estou conseguindo — afinal, o tempo não para.

Tudo isso sem teologia da prosperidade, sem papo besta de coaching, sem esquemas de pirâmide, sem mamatas estatais. Só com a ajuda da fé, do conhecimento aplicado, com trabalho duro e com o apoio dos amigos e da família maravilhosa que Deus me deu a honra de ter. Ah, e com a visão de que só vive melhor quem se recusa a dar errado.

> *"O entusiasmo é a maior força da alma. Conserva-o e nunca te faltará poder para conseguires o que desejas."*
>
> — NAPOLEON HILL

7

Das minhas memórias também tiro um aprendizado obtido entre os quinze e dezessete anos. Nesse período, ainda trabalhava como aprendiz em uma marcenaria da minha cidade. Na época, como já contei anteriormente, o cenário era de extrema pobreza. Portanto, não havia escolha, eu precisava trabalhar.

Mesmo sendo duro, o trabalho em si não era problema; o que pegava eram as humilhações que eu sofria por parte do patrão. Sem aptidão para trabalhos manuais, apesar de todo esforço, tinha uma baita dificuldade em aprender. Por isso era chamado de burro, idiota e coisas ainda piores. Não tinha um dia em que eu não recebia uma bronca ou era ofendido de alguma forma por aquele déspota.

Era doloroso! Eu saía do trabalho me sentindo um lixo, como se tivesse levado uma surra. Ainda assim, chegava na escola sorrindo para encarar uma jornada de cinco horas de estudo.

"Ah, Paulo, por que você não procurava outro emprego?" Porque não era tão fácil, e eu sabia que ficaria pior sem um ganha-pão. Por isso suportei. Um detalhe: sem faltar um dia ao trabalho, com exceção de uma vez que peguei dengue.

Não conto isso para me fazer de vítima ou me lamuriar, pois essa situação me ensinou muito. Criei casca e aprendi a não me abalar com qualquer ofensa ou ataque. Passado um tempo, saí daquele trabalho e segui minha vida sem jamais esquecer de como fui tratado. Raramente me abri sobre isso com alguém, mas esperei o momento de "dar o troco".

Anos mais tarde, já dono de negócio, publiquei meu primeiro livro e fiz questão de voltar à marcenaria e presentear meu ex-patrão com um exemplar. Não disse uma palavra sobre sua velha atitude ou sobre como me sentia na época. Com um sentimento de dever cumprido, apenas o presenteei.

Jamais esqueço seu olhar de: "E não é que o cara deu certo?". Não me vinguei, apenas provei para aquele babaca que o burro não era eu. Ele que não sabia ensinar e lidar com seus aprendizes.

Ao pensar nisso hoje, lembrei da famosa citação: **"Todo mundo é um gênio. Mas se você julgar um peixe por sua capacidade de subir em uma árvore, ele vai gastar toda a vida acreditando que é estúpido."** Lembre-se disso ao se sentir idiota. Verifique se não está apenas respirando o mesmo ar que ignorantes.

8

Quebrei algumas vezes durante esses anos. Em uma das vezes, estava aflito e entregue ao desespero por decisões financeiras que me deixaram literalmente falido. Não tinha um tostão sequer em caixa, e todo dinheiro que eu poderia ter estava na rua.

Dias depois, tive que fazer uma viagem de bate-volta para um compromisso. Sem grana para pagar uma hospedagem minimamente decente, dormi no ônibus, tomei banho na rodoviária (se você já teve que fazer isso, sabe como é horrível) e caminhei pelas ruas de São Paulo me sentindo um lixo.

Com um misto de frustração e humilhação, chorei em público pela primeira vez depois de anos. Mas após esse choro, respirei fundo e voltei para casa disposto a dar a volta por cima, mais uma vez. Era época de ano novo, e eu achava que tinha "perdido a guerra", estando sem dinheiro e vendo uma parte do que construí como empreendedor evaporar como fumaça.

Entretanto, paradoxalmente, eu estava ganhando. Sim, porque essa situação adversa me ensinou o tipo de erro que eu deveria evitar cometer dali em diante. **"Cada adversidade, cada fracasso, cada dor de cabeça carrega consigo a semente de um benefício igual ou maior"**, escreveu Napoleon Hill. Com isso em mente, mantive o foco e, em pouco tempo, já tinha tirado o pé da lama. Lavei a alma e muita coisa boa aconteceu.

Dali em diante, mais forte, tive um crescimento considerável, não apenas em relação a finanças, mas também à autoridade, prestígio e reconhecimento. Inclusive, tornei-me um escritor best-seller na área de marketing. Foi então que eu compreendi o conceito de antifragilidade.

O antifrágil é algo em nós que se beneficia quando está diante de uma situação inesperada. Esse conceito, difundido por Nassim Taleb, nos ensina a encarar os eventos adversos de frente e buscar se aperfeiçoar diante deles. Dessa forma, para crescer pessoal e profissionalmente, não devemos evitar o caos, mas aprender a nos beneficiar com ele. É "contramaré", eu sei, e é por isso mesmo que você deve considerar praticar. Por exemplo, as florestas se beneficiam das pequenas queimadas, pois é com elas que evitam que materiais inflamáveis se acumulem a ponto de causarem um grande incêndio fora de controle. Ou seja, os pequenos incêndios limpam a floresta dos materiais que causariam um grande incêndio.

Fala-se muito sobre o estresse pós-traumático, mas poucos comentam acerca do amadurecimento de quem enfrenta determinados traumas. Você lembra de uns garotos tailandeses que ficaram em uma caverna durante dezoito intermináveis dias? Eles foram apelidados de "meninos da caverna", doze adolescentes que ficaram presos em um perigoso complexo de cavernas inundadas por fortes chuvas. Logicamente esses garotos saíram de lá com algumas sequelas emocionais, mas pense: quem enfrenta uma situação-limite dessa natureza tende a enxergar a maior parte dos problemas posteriores como tempestades em copos d'água. É disso que estamos falando aqui.

Pensei em escrever mais coisas neste pequeno capítulo, mas vou resumir: desenvolva seu lado antifrágil — e você só terá a ganhar. Afinal, coisas frágeis perdem com o caos. Coisas antifrágeis se beneficiam com ele.

> *"É-nos impossível chegar ao outro lado sem haver suportado as tentações de ondas e de ventos hostis."*
>
> — ORÍGENES

9

Como você pôde ver, minha história de vida não é das mais surpreendentes. Eu não morri e ressuscitei, não sobrevivi a uma grande catástrofe e não lutei em uma grande guerra, literalmente falando. Mas posso dizer que morri e ressuscitei espiritual e mentalmente várias vezes, que sobrevivi à catástrofe social brasileira e lutei grandes guerras diárias. Tudo isso me ajudou a chegar até aqui.

Claro que minha biografia é maior e contém mais detalhes. Eu poderia citar, por exemplo, minha luta contra a ansiedade e a depressão. Mas deixarei isso para outro momento, talvez em um trabalho específico sobre o tema. Por ora, meu objetivo é contextualizar e formar uma relação mais íntima com você.

Sei muito bem como as histórias são capazes de unir mentes, e por isso quis inserir aqui o meu relato. Que ele sirva como inspiração de alguma forma. Afinal, se eu não tivesse vivido o que vivi, não teria formado a "filosofia prática" exposta neste livro. Aliás...

Lembro como se fosse hoje do dia em que, reunido com empreendedores numa sala, revelei que tinha o desejo de estudar filosofia. Minha fala foi motivo de riso e piada. "Não vejo necessidade — disse um deles — empreendedor só precisa saber ganhar dinheiro."

Isso já faz seis anos. Eu poderia muito bem me deixar abater pelo peso daquelas palavras, mas não desisti do objetivo. Afinal, aprendi com pessoas melhores que eu que é possível ser um homem de negócios e ao mesmo tempo um pensador relevante.

Conhecendo o trabalho de David Ogilvy, por exemplo, tive uma percepção clara de que ele não era um homem inculto. Ele fala de coisas em seus livros que só uma pessoa bem-instruída falaria. Ogilvy frequentou o tradicional Fettes

College e a Universidade de Oxford. Estamos falando de um dos maiores gênios da publicidade de todos os tempos.

Napoleon Hill e Dale Carnegie são dois papas da comunicação e dos negócios dedicaram suas vidas aos estudos das áreas humanas. Muito do que apresentam em suas obras se apoia em correntes filosóficas milenares. Hill elaborou a maior obra sobre filosofia do sucesso de todos os tempos; Carnegie formou uma notória filosofia sobre influência no mundo dos negócios.

No livro *O Mensageiro Milionário*, Brendon Burchard revela que teve uma excelente base educacional. Ele, que é atualmente um dos mais respeitados gurus de negócios, inclusive, estudou as Artes Liberais Medievais, Trivium e Quadrivium.

Cito Jim Rohn, Zig Ziglar, Seth Godin, Tony Robbins, Paulo Vieira, Flávio Augusto da Silva, todos sujeitos bem-sucedidos na área de negócios. Você pode não gostar ou não concordar com as idéias de alguns desses homens — alguns mais, outros menos intelectuais —, mas não pode negar que todos têm uma "filosofia prática" que os ajuda a viver e a fazer o que se dispõem a fazer.

Indo além, vale destacar como a filosofia prática pode torná-lo campeão...

Talvez você conheça o nome Bruce Lee pelos filmes que fez e pela proeminência com artes marciais. Afinal, foi assim que ele ficou conhecido. O que talvez você não saiba é que, desde muito jovem, Bruce Lee era obcecado em aprender a tirar o máximo proveito da vida. Isso se reflete nas incontáveis horas que ele passava lendo livros.

Para se ter idéia, com apenas trinta anos, o lutador possuía milhares de títulos em sua biblioteca, a maioria sobre psicologia, filosofia e artes marciais. E Lee não era apenas da teoria, era um homem de ação. Assim, qualquer lição importante que pudesse captar a nível intelectual, aplicava em sua vida cotidiana — sendo as artes marciais seu principal veículo para fazê-lo.

Um dos pensamentos mais famosos de Bruce Lee é conhecido como *Be Like Water*, em tradução "Seja Como Água". A filosofia diz que para derrotar um adversário você deve fluir como a água e se adaptar às circunstâncias: "Não se coloque dentro de uma forma, adapte-se, construa sua própria, e deixa-a expandir, como a água. Se colocarmos a água num copo, ela se torna o copo; se você colocar água numa garrafa, ela se torna a garrafa. A água pode fluir ou pode colidir. Seja água, meu amigo."

Talvez você não seja um praticante de artes marciais ou astro de filmes de luta, mas certamente é um lutador da vida e precisa ser o protagonista da própria história. Sendo assim, como Lee, aderir a uma filosofia de vida o ajudará a chegar mais facilmente a patamares mais elevados. Portanto, vire a página e comece a formar a mentalidade de quem se recusa a dar errado!

"Para o inferno com as circunstâncias, eu crio oportunidades."

— BRUCE LEE

A TURMA DO FUNDÃO

A primeira vez que usei um termo semelhante ao título deste livro, eu fazia parte de um grupo de empresários. No grupo, a expectativa era que se falasse 80% de negócios e 20% de assuntos aleatórios. A realidade era: 80% de piadas e tiradas de quinta-série — por sinal, muito engraçadas — e 20% de estratégias indiscutivelmente avançadas de negócios.

Ao falar com bom humor sobre isso no Facebook, escrevi: "Vocês não têm idéia: Aquilo lá é a turma do fundão que se recusa a dar errado na vida".

Três anos depois, um seguidor pediu que eu me definisse no story. Foi então que, naturalmente, eu disse a ele: "Sou apenas alguém que se recusa a dar errado."

Em seguida, outra pessoa pediu para eu explicar o que seria "recusar-se a dar errado". Eu postei um vídeo da mesinha da minha sala — que está sempre cheia de livros, cadernos e papéis com anotações. E apresentei um fato: *"O QI médio da população mundial, que sempre aumentou desde o pós-guerra até o final dos anos 1990, diminuiu nos últimos vinte anos"*.

Dei a entender que isso não é aleatório, que a sociedade é planejada para dar errado, porque **quanto mais burra, mais fácil de ser dominada.** Veja, é muito fácil cair nesse tipo de armadilha, levar-se pelas facilidades, acreditar em ilusões como a de acreditar que os políticos vão nos salvar.

Difícil é ir na contramão, lutar contra o sistema, fazer o que poucos fazem. E aí está a explicação: Recusar-se a dar errado é rejeitar tudo isso. É dizer: **"Eu não serei apenas mais uma peça no tabuleiro do jogo da vida".**

Recusar-se a dar errado é fazer o que tem que ser feito, mesmo que pareça complicado. Aliás, principalmente se for complicado, porque é nesse esforço que você resiste, exercita sua liberdade e muda seu destino.

Recusar-se a dar errado é se negar a participar do empobrecimento da alma humana, sabendo que você é o principal responsável por sua própria evolução. Tem um pensamento do copywriter John Carlton que expressa bem essa responsabilidade:

> *"Pare de dar desculpas. Eu não me importo com o quanto seus pais, seus professores ou o sistema estragaram sua cabeça. Você tem idade suficiente para tomar a decisão de recomeçar e reescrever seu roteiro. Nada vai mudar para você até que você faça."*

Três meses depois desse post eu lancei a hashtag **#EuMeRecusoADarErrado**. Em seguida, expliquei que isso também significa não aceitar as circunstâncias negativas na sua vida; significa olhar para as situações de fracasso e enxergar sempre um benefício equivalente. Enquanto o medíocre se conforma ou desiste, o vencedor se recusa a aceitar menos que o sucesso.

Daí, reuni os pontos que formam...

O Manifesto Eu Me Recuso A Dar Errado:

1. **Veja o lado bom das dificuldades.** Você tem um problema? Isso é bom! Porque **cada vez que encontra e lida com um problema e o supera,** você se torna uma pessoa melhor, maior, mais forte e mais bem-sucedida.

2. **Enxergue as sementes de benefícios.** Todo mundo tem problemas. Quem tem atitude mental positiva transforma esses problemas em **sementes de benefícios** equivalentes ou maiores e constrói uma vida mais digna.

3. **Tenha atitude mental.** Seu sucesso ou fracasso ao enfrentar os problemas apresentados pelos desafios da mudança será determinado por sua atitude mental.

4. **Controle e direcione seus pensamentos.** Você pode direcionar seus pensamentos, controlar suas emoções e ordenar o seu destino relacionando, assimilando e aplicando os princípios cabíveis a você.

5. **Tenha fé.** Deus é sempre bom.

6. **Quando tiver um problema: peça orientação divina e ajuda dos outros.** Pense, formule o problema, analise-o, adote a atitude de "isso é bom" e então transforme a adversidade em sementes de um benefício maior.

7. **Pratique essas 7 virtudes:** prudência, fortaleza, temperança, justiça, fé, esperança e caridade.

8. **Valorize as boas idéias.** Uma boa idéia seguida de ação pode transformar fracasso em sucesso.

Seu desafio agora é ir em alguma rede social e publicar algo com a hashtag: #EuMeRecusoADarErrado

O brasileiro praticante

Certa vez, inseri num texto a idéia do **"brasileiro praticante"**, o que deu origem a uma polêmica. O termo foi usado em resposta a uma pergunta e muita gente compartilhou. Depois, usei-o numa live e mais gente levou adiante.

Não o fiz por arrogância, prepotência ou coisa parecida. Apenas expus a verdade que é confirmada por pessoas maiores do que eu. Como alguém precisa *tocar o dedo na ferida* e mostrar porque somos quem somos, adotei o conceito após a treta.

O termo não procura esgotar a experiência individual dos milhões de brasileiros que lutam para sobreviver em condições injustas como as que eu mesmo conheci, mas simplificar a percepção de como nossa cultura, isto é, aquilo que pensamos quando não estamos pensando, não reforça nosso potencial, mas nos recomenda quase que desejar o fracasso.

Vamos entender o que significa ser um brasileiro praticante:

* Brasileiro praticante é pessimista.
* Brasileiro praticante faz as coisas de qualquer jeito.
* Brasileiro praticante tem inveja de quem tem sucesso.
* Brasileiro praticante é egoísta.
* Brasileiro praticante vive dando jeitinho.
* Brasileiro praticante segue péssimos exemplos.
* Brasileiro praticante não gosta de pensar.
* Brasileiro praticante tem o terrível hábito de não planejar.
* Brasileiro praticante não tem mentalidade de líder.
* Brasileiro praticante acha que todo rico é safado.
* Brasileiro praticante é demasiadamente ideológico ou ideologizado e partidário.
* Brasileiro praticante segue a lei de Gérson: O que importa é levar vantagem sempre.

Destaco que não falo de "ricos ou pobres", porque entre ambas as classes há medíocres. Falo da predisposição em ser inferior, de trocar virtudes por vícios, de escolher agir como selvagem.

Deixo claro que amo muitas coisas em meu País, sou um amante da história do Brasil e tenho orgulho de ter nascido na mesma terra em que nasceu Dom Pedro II, Machado de Assis, Villa Lobos, Tom Jobim etc.

Entretanto, temos que admitir que o "brasileiro praticante", que pode ser entendido como "brasileiro médio", deixa a desejar em muitos aspectos. Lembrando que médio remete a medíocre, a mediano, e é justamente contra isso que temos que lutar.

Afinal...

Você não deve nada ao Brasil

"Vivemos dias estranhos desde quando nascemos, cara! A questão é que isso passou a ser mais claro. Olha para o seu passado, Maccedo. Quando foi que o Brasil ofereceu a você alguma coisa? Educação, oportunidade etc.? Quando? O que você conseguiu foi por esforço inteiramente próprio. **Você não deve nada a este País.** Porque, na verdade, o Brasil, desde quando você nasceu, tentou te ferrar."

O que você acabou de ler é um trecho de uma conversa franca que um amigo teve comigo certa vez. Ele me fez enxergar o óbvio: o Brasil sempre foi essa coisa horrorosa que conhecemos.

Quando comecei a utilizar o termo "brasileiro praticante" para apontar o brasileiro que se deixou corromper, fui severamente criticado. *"Mas, Paulo, isso é ser antipatriótico, temos que exaltar nossas qualidades. Temos até saúde gratuita."*

Gratuita? Em pleno 2021, ainda não entendem que pagamos e pagamos caro por algo que não recebemos? Viva o SUS é o cacete! Eu tenho pavor de hospital público, porque em boa parte da vida, minha família e eu vivemos o inferno na mão de burocratas do setor de saúde.

Já precisei "burlar o sistema" para amamentar meu filho no hospital, porque o hospital não tinha banco de leite, e minha esposa, debilitada por causa de erros médicos durante o parto, estava sem conseguir produzir o alimento. O que eles disseram foi: "Não podemos fazer nada".

Só gente muito hipócrita para exaltar algo desumano assim. A visão correta seria algo como: "O SUS é péssimo, mas há pessoas boas nele". É o caso da enfermeira que, mesmo atuando nesse contexto diabólico, ajudou meu pai quando ele estava adoecido. Fora essas exceções, é só *choro e ranger de dentes*.

Minha relação com o Brasil sempre foi de amor e ódio. Eu odeio a mentalidade tacanha do brasileiro médio, seu espírito de malandragem, sua corrupção incrustada, seu conformismo bandido, sua inveja constante. E não ache que digo isso sentindo-me superior. Não, eu percebo que tenho tudo isso dentro de mim também, mas me recuso a viver assim.

O amor vem do que há aqui, apesar de tudo. Meu amigo expressou melhor que eu:

> *"Se há alguma coisa pela qual eu me orgulho de ser brasileiro, não tem absolutamente nada a ver com políticos ou o Estado. Orgulho-me da língua e da religião herdada de Portugal; da forma peculiar da nossa fé; dos nossos grandes escritores e mestres; dos humildes que se esforçam para manter-se em conformidade com a bondade; na beleza natural que, apesar de ser degradada anualmente, mantém-se; no nosso modo de chorar, amar, a nossa comédia. Orgulho-me disso. Deixo os políticos para receberem o orgulho do diabo."*

Movimentos como **#EuMeRecusoADarErrado** importam porque nos despertam para agir da melhor forma diante disso tudo. Ele traz aquilo que Ortega Y Gasset sintetizou em: **"Eu sou eu e minha circunstância; se não salvo a ela, não salvo a mim"**. Nossas circunstâncias são essas. Não devemos nada a elas, mas devemos lutar para salvá-las; e só há salvação quando se admite a perdição.

Por isso, eu grito:

EU SOU BRASILEIRO NÃO PRATICANTE!

Todos os dias, alguém se levanta e luta

Camila sai todos os dias antes de o sol nascer para chegar no emprego no horário. Ela volta para casa no fim do dia, cansada, sem energia para cuidar dos dois filhos, mas resiste e vence.

Alex trabalha de dez a doze horas diariamente para manter seu pequeno negócio funcionando. Apesar do "jogo contra" do Estado, da enorme burocracia e dos altos impostos que tem que pagar, ele resiste e vence.

Mateus trabalha de empacotador no horário comercial para pagar a faculdade, que frequenta à noite. Ele passa mais tempo fora do que dentro de casa, sacrifica fins de semana e feriados, fica exausto, mas resiste e vence.

Carlos é pastor de uma pequena congregação e mantém um projeto social em paralelo. Apesar de toda dificuldade de viver em prol do outro, e de encarar palavras contrárias vindas de todos os lados, ele resiste e vence.

Joana, abandonada recentemente pelo marido, vende brigadeiros e doces para criar a única filha. Ela se desdobra para manter a pequena na escola, cuidar de casa e ainda arranjar compradores para seus quitutes. Apesar da dificuldade, ela resiste e vence.

Não é só você, há outros **"brasileiros não praticantes"** lutando nesse exato momento. Eles merecem nosso reconhecimento e aplausos.

Escute bem, Paulinho!

Uma conversa que o Paulo Maccedo teve com sua versão jovem, em 2004:

1. Agora pegue um papel, uma caneta e descreva o tipo de ocupação, negócio ou vocação profissional em que você deseja se destacar.
2. Escolha a pessoa mais bem-sucedida naquela área e observe o que ela fez ou faz para estar onde está. Inspire-se nas virtudes dela, mas não copie seus vícios.
3. Separe uma hora ou mais do seu tempo livre e dedique-se inteiramente à sua educação. Invista em seu conhecimento por meio de livros, cursos e outras formas de aprendizado.
4. Faça uma prece de gratidão pelo menos duas vezes por dia, pela manhã e antes de dormir. Quando estiver rezando, projete em sua mente os seus desejos e objetivos, para que quando atingi-los, você continue grato.
5. Trate as pessoas como gostaria de ser tratado, desde o garçom à pessoa de maior status que você conhece. Uma personalidade agradável é importante em todas as áreas da vida.
6. Una-se a pessoas com objetivos semelhantes aos seus. Jamais tente andar completamente sozinho. O homem pode desfrutar da solidão, mas não foi feito inteiramente para ela.

7. Afaste-se de pessoas tóxicas, aquelas que sempre o desmereçem, que não acreditam nos seus sonhos ou agem com espírito de porco. Aprenda a dizer não.

8. Acredite no seu potencial, mas não a ponto de se achar o maioral. A soberba é o caminho mais certo para o fundo do poço.

9. Não creia que o sucesso é certo, pois não há certeza nenhuma de nada, a não ser a de que vamos sofrer e morrer. Mas acredite que, ao criar hábitos de êxito, a vida tende a se tornar exitosa.

10. Faça esforço extra, sempre. Os medíocres, ou seja, os medianos, estão sempre fazendo apenas o que deve ser feito. Você, no entanto, se deseja mesmo alcançar seus objetivos, precisa fazer o que ninguém faz.

11. Esteja atento para dissipar da sua vida pensamentos negativos, como inveja, ciúme, ódio, ganância e raiva. Se algum deles te dominar, frequentemente, você descamba.

12. Esteja atento também para controlar emoções positivas, como as do amor e do sexo. Se você erra a mão nisso, mesmo sendo gostoso, suas energias serão sugadas.

13. Pare de se vitimizar, arranjar desculpas para o seu fracasso e se apoiar em pensamentos destrutivos, mesmo aqueles com aparência de santos, como: "Você é pobre porque existem ricos." Este último ponto é importantíssimo, pois mesmo que isso seja verdade

em algum nível, nada vai adiantar ficar arranjando culpados e não cuidar da sua própria vida.

14. Se todo esse processo trouxer dinheiro, não se apegue a ele. Compartilhe parte dos seus ganhos com quem precisa e faça caridade com o coração sincero. Um homem esperto para ganhar dinheiro tem que ser esperto para não querer todo esse dinheiro.

15. Lembre-se que há uma diferença abismal entre ser senhor e escravo. O problema está em ser escravo das coisas. Se a ambição, o dinheiro, a fama, o prazer e outras coisas o dominam, eis aí o seu abismo. O contrário, em justa medida, pode ser absolutamente saudável.

16. Recuse-se a dar errado e seja um brasileiro não praticante!

Para onde você está indo?

Há um trecho no clássico *Alice no País das Maravilhas* em que a Alice está caminhando pela floresta quando chega em uma encruzilhada, onde inúmeros caminhos se apresentam.

São vários trechos, estradinhas e placas de orientação que fazem a menina ficar indecisa sem saber bem para onde ir.

Eis que sob uma árvore surge o Gato. Debochado, irônico e misterioso, ele pergunta a Alice se pode ajudá-la. O seguinte diálogo se segue:

— Eu só queria saber que caminho tomar — pergunta Alice.

— Isso depende do lugar para onde você quer ir — diz o Gato tranquilamente.

— Para ser sincera, não me importa para onde vou — responde Alice.

— Então não importa qual caminho tomar — afirma o Gato, taxativo.

Resumo:

> *"Quando a gente não sabe para onde vai, qualquer caminho serve."*

Esse trecho foi citado em uma de minhas lives. Falei com os presentes sobre a importância de saber aonde se deseja chegar, e compartilhei o seguinte trecho com eles:

> *"É terrível saber que 95% da população do mundo seguem pela vida adiante sem um objetivo, sem a menor concepção do trabalho para o qual se adaptam melhor e sem ter mesmo qualquer noção da necessidade disso que se chama "objetivo definido" pelo qual lutar."*

Em seguida, contei o caso de um jovem que conseguiu dar a volta ao mundo de uma maneira bem inusitada...

Hora de elaborar seu plano

Há muitos anos, um jovem chamado Bob Christopher teve uma idéia maluca: dar a volta ao mundo com US$80 no bolso. Loucura? Bem, ele acreditou que podia. Lendo livros de motivação, botou na cabeça que **qualquer meta poderia ser atingida se tivesse fé e confiança.**

Pensando em formas de executar seu plano, Bob teve um insight: "Pessoas trabalham em cargueiros para cruzar o oceano de graça e pedem carona no mundo inteiro, então, por que não eu?".

Assim Bob tirou uma caneta do bolso e escreveu num pedaço de papel uma lista dos problemas com os quais seria confrontado. Além disso, fez anotações do que considerava respostas viáveis para cada um deles. Detalhe: Bob era um fotógrafo habilidoso e tinha uma boa câmera.

Quando chegou à decisão, ele entrou em ação:

* Fechou um contrato com a Charles Pfizer, uma grande empresa farmacêutica, para recolher amostras de solo dos diversos países que pretendia visitar.
* Obteve uma carteira de motorista internacional e um conjunto de mapas em troca da promessa de um relatório sobre as condições das estradas do Oriente Médio.

* Providenciou documentação para trabalhar como marinheiro.
* Obteve uma carta do Departamento de Polícia de Nova York para provar que não tinha ficha criminal.
* Associou-se à organização de Albergues da Juventude.
* Negociou com uma companhia aérea de carga que concordou em transportá-lo pelo Atlântico mediante a promessa de produzir fotografias para a empresa usar em publicidade.

Quando seu planejamento foi concluído, Bob deixou Nova Iorque num avião, levando 80 dólares no bolso. A volta ao mundo com 80 dólares era seu objetivo principal. Aqui estão algumas de suas experiências relatadas no livro AMP, de Napoleon Hill:

* Tomou café da manhã em Gander, Terra Nova. Como pagou? Fotografou os cozinheiros na cozinha, e eles ficaram satisfeitos.
* Comprou quatro pacotes de cigarros norte-americanos em Shannon, na Irlanda, que custaram 4,80 libras irlandesas (naquela época, os cigarros eram um meio de troca tão bom quanto dinheiro em muitos países).
* Chegou a Viena vindo de Paris. A tarifa: um pacote de cigarros para o motorista.

* Deu ao condutor quatro maços de cigarros para levá-lo no trem de Viena à Suíça através dos Alpes.
* Foi de ônibus para Damasco. Um policial da Síria ficou tão orgulhoso do retrato que Bob fez dele que ordenou ao motorista de ônibus que o levasse.
* Tirou uma foto do presidente e dos funcionários da Empresa de Transporte Expresso do Iraque. Isso valeu uma carona de Bagdá a Teerã.
* Em Bangkok, o dono de um restaurante muito bom alimentou-o como um rei, pois Bob lhe deu as informações que ele queria: a descrição detalhada de uma área específica e um conjunto de mapas.
* Foi levado do Japão para São Francisco como membro da tripulação do navio a vapor *The Flying Spray*.

Bob concluiu seu plano e nos deixou uma lição valiosa: se você tem um objetivo definido e está disposto a concluí-lo, você tem o que precisa para seguir adiante.

O caso de Bob é extraordinário? Sim, mas não deixa de ser possível e de mostrar que perdemos muito tempo pensando no que poderíamos fazer, quando deveríamos tirar a caneta do bolso e traçar um plano executável.

Agora que você chegou até aqui, acredito que possa se interessar por uma palestra que gravei especialmente para quem se recusa a dar errado. O link abaixo o levará à página de inscrição para acessar esta palestra.

www.paulomaccedo.com/palestra-exclusiva

Vai um espetinho aí?

Conheci o João Lucas Mira há alguns anos. Como temos amigos e interesses em comum, começamos a interagir em posts e comentários no Facebook. Certa vez, trocamos idéia via Messenger.

Lucas me pediu dicas para atuar como redator, já que tem facilidade para escrever, e escreve muito bem. Foi ali que ele revelou que trabalhava como ajudante de estoque. Eu disse a ele que há muito tempo também havia trabalhado com algo semelhante.

Identifiquei nele um jovem interessado em crescer, alguém espreitando uma oportunidade de mudança. Lucas continuou sua jornada...

Passado um tempo, especificamente no começo de 2020, percebi uma movimentação na página dele. Acontece que ele identificou uma oportunidade de empreender fabricando e vendendo espetinhos.

Motivado, preparou-se como pôde e **deu os primeiros passos**. Começou pequeno com uma churrasqueira e muita vontade de crescer. Assim, enquanto centenas de milhares de empresas fechavam as portas, por conta da pandemia, Lucas começou seu negócio.

Nascia o Mira Espetinhos e Bebidas.

Dois meses depois, Lucas recebeu um convite para fornecer espetinhos durante um dos eventos organizados por um restaurante de sua cidade, uma pequena conquista que abriria a porta para novas oportunidades.

Dando um passo de cada vez, em apenas um ano, Mira foi de uma churrasqueira na calçada a uma loja com um letreiro bonito, organização e variedade de cardápio. Quem acompanha o Lucas no Facebook pôde ver a evolução. Cada foto representava um tijolinho na construção de um negócio de sucesso.

Hoje, os posts do Mira Espetinhos mostram um estabelecimento cheio de clientes, que comem, bebem e se divertem. Numa imagem posterior, Lucas aparece vestido com um uniforme impecável mostrando preocupação com a imagem de seu negócio. O Mira realiza eventos para alegrar a clientela e segue com planos de expansão.

Em conversa no WhatsApp, o empreendedor já fala em abrir outro ponto comercial. Ele diz que hoje se sente bem mais feliz e livre, já que em seu último trabalho nem usar o celular ele podia.

Lucas aderiu ao movimento #EuMeRecusoADarErrado

Lucas é daqueles que já deram certo!

Costumo dizer que o que move as pessoas e as organizações é a **INICIATIVA**, isto é, a atitude de começar algo.

A atitude de começar algo só requer um "iniciador", e João decidiu ser um.

"Certo, mas como posso aplicar isso na minha vida, Paulo?"

O essencial é cultivar o hábito de começar.

Começar não é uma atitude exclusiva deste ou daquele profissional e nem mesmo se aplica somente a este ou aquele ambiente.

Começar é algo para todos que querem avançar na vida e nos negócios.

Aqui estão alguns pontos que podem ajudá-lo nessa missão:

* Apenas comece. Adquira o hábito de agir dessa forma;
* Abandone a postura de aguardar que alguém lhe diga o que e como fazer — você não precisa da aprovação dos outros para se mover;
* Olhe à sua volta e encontre um problema a ser resolvido ou uma demanda a ser suprida;
* Dedique-se a entendê-lo e experimente novas possibilidades de solução;
* Empreenda algo que faça sentido para você;
* Comece com o que tem e busque recursos para continuar.
* Corrija erros, aperfeiçoe o que começou.
* Recomece, reinvente, siga em frente.

Bem-vindo ao mundo de quem faz!

Estou disposto a aplaudir sua coragem, se você adquirir o hábito de começar coisas, de fazer a diferença e de quebrar as regras. E se você não começar, se recuar de medo diante dessa extraordinária oportunidade (e obrigação), então pode me culpar... Eu não fiz um bom trabalho em convencer e desafiar você a realizar uma tarefa de que é capaz, um trabalho que importa. Você não tem nada a perder.

Vai se esconder, vai?

Viver não é seguro. Algo ruim pode acontecer. Na verdade, mais cedo ou mais tarde, vai acontecer.

Pensar não é seguro. Existem uma dezena, uma centena ou milhares de maneiras de uma pessoa causar estragos a partir de seus pensamentos.

Fazer algo de bom aos outros não é seguro.

Você pode ser (e de fato será) rejeitado. Trabalhar não é seguro. Meu avô morreu *carpindo um lote*.

Verbalizar não é seguro. As pessoas podem (e vão) se ofender e querer cancelar você.

Defender princípios e valores não é seguro. Você jamais terá resultados 100% positivos em relação a isso.

Agora me diga, o que você vai fazer? Esconder-se? Encolher-se num canto e se esforçar ao máximo para se adequar ou não ser visto?

Isso também não é seguro.

Portanto, é melhor fazer algo que realmente seja importante e viver com dignidade e honra.

Você tem uma vida de merda? Ótimo!

Todo mundo sabe que bosta serve como adubo. Você prepara o solo com esterco e as substâncias que o compõem fornecem os nutrientes ao crescimento das plantas. Assim é com a vida. Os problemas, desafios, barreiras, complicações e até tragédias são o adubo necessário à nossa evolução. **Obviamente, quando vemos uma planta saudável e bonitinha, não focamos o adubo; às vezes nem lembramos que ele está lá. Mas frequentemente fazemos o oposto com a vida.** Em vez de admirarmos o crescimento proporcionado pelo esterco, damos ênfase à bosta. Não faz o menor sentido, e ainda assim continuamos inconscientemente fazendo.

Seu foco é sua realidade

"Você não consegue terminar nada porque está sempre mudando de idéia." Foi com essa frase, que soou dura e impactante na época, que aprendi uma das maiores lições para a vida.

Pare para pensar: quantas vezes, em dezembro, você determinou que no ano seguinte tudo seria diferente? Que você tiraria aquele plano profissional do papel? Que emagreceria? Que aprenderia outro idioma? Que faria uma viagem?

Não cumprir promessas de ano-novo é apenas uma — e talvez a menor — das consequências que a falta de concentração nos traz.

A desatenção é o cerne de problemas graves como a falta de autocontrole, insensibilidade e falta de força de vontade.

Sem foco não se mantêm dietas, amizades e nem casamentos. Até a escolha entre acessar ou não o Instagram pode estar relacionada à falta de foco.

Uma pessoa focada tem consciência de que seus atos impactam diretamente os seus resultados.

Ter foco é ter um objetivo, estar determinado a alcançar ou atingir uma meta, ter prioridade em fazer algo e não desviar tempo e energia para outro caminho.

Henry Ford queria muito um automóvel e houve milhares de vozes exteriores dizendo-o para que não continuasse com seus planos. Ele trabalhou por 20 anos até desenvolver o carro que foi finalmente lançado em 27 de setembro de 1908 como Ford "Modelo T". Parte era tecnologia existente, parte era fruto dos seus próprios aperfeiçoamentos e pesquisas.

Ford utilizou inteligência, concentração e foco e, assim, obteve sua conquista. Ele estava obcecado, não estava interessado em nada que não fosse o que ele buscava, ou seja, tinha um objetivo definido e manteve os olhos fixos nele.

Agora, pergunte a si mesmo: *"Não consigo o que quero porque as circunstâncias externas não colaboram, ou não estou focado o suficiente para perseguir o que eu desejo?"*

"O seu foco é a sua realidade."

— MESTRE YODA

Um jogo de mentalidade

"Hoje foi o meu último dia. Decidi seguir o meu coração", revelou-me um dos meus alunos. Ele disse que tomou essa decisão após perceber que estava no lugar errado. "É como se eu tivesse me encontrado, entende? Agora eu compreendo, por exemplo, porque gostei tanto da série *Mad Men*. Detalhes pequenos da minha vida finalmente se encaixaram e viraram um espelho e, depois de muita procura, eu me vi. Eu me encontrei.".

Não foi a primeira vez que recebi um depoimento como esse, de pessoas que decidiram mudar o rumo das coisas após se encontrarem. É por isso que eu incentivo muito o empreendedorismo. Dos mais de 3 mil posts que publiquei em sete anos de internet, 40% são sobre esse tema.

Não acredito que todos devam empreender. Existe diversidade vocacional e profissional. Há pessoas que ficarão felizes empregadas, outras que se sentirão realizadas em um cargo público. Tudo bem por isso, precisamos de pessoas em diferentes setores da sociedade.

Entretanto, acredito que uma "mentalidade empreendedora" é capaz de transformar a visão de mundo até daqueles que se sentem bem em outras áreas. Uma pessoa que adora motocicletas, por exemplo, mas que trabalha como repositor de supermercado, ao desenvolver uma mentalidade empreendedora, poderá saber como criar um canal sobre motos.

Então descobrirá como criar conteúdo, formar audiência que se identifica com o tema e depois desenvolver produtos para vender para esse público. Ela pode muito bem continuar garantindo um salário como repositor durante o dia e se dedicar ao *hobby* durante à noite. Se tudo der certo, após um tempo poderá ganhar mais com essa iniciativa do que com o emprego. E aí valerá dedicar-se integralmente ao que gosta.

De maneira geral, nunca incentivo alguém a largar o emprego, mas fico feliz quando a pessoa diz que fez isso porque se encontrou. Identifico-me, afinal, larguei o emprego tradicional para viver do que faz sentido para mim.

A vida é muito curta para você viver fazendo uma coisa que não gosta apenas para pagar contas. Parece papo de palestra motivacional, mas pense em como há sentido nisso. Com a internet, nunca foi tão fácil fazer o que se ama, mesmo que parcialmente. E muitas vezes, para começar você só precisa usar corretamente o seu tempo.

Tenho dois alunos que são funcionários públicos e dezenas de seguidores que ainda estão empregados. Eles estão se encontrando, mas não estão parados. E aí está a diferença: se você não se sente realizado, é hora de procurar algo que o complete. Seu espírito começará a perceber os bônus da realização — e você encontrará mais facilmente o caminho.

"Ok, muito legal tudo isso, muito romântico, mas mesmo inconformado, estou paralisado. Não consigo fazer nada além do que me foi mostrado. É tudo muito arriscado", pode argumentar alguém mais racional.

Certo, sei que nem sempre é fácil mudar o rumo das coisas, e aí vão alguns pontos para você considerar...

1. **Pare de dar desculpas e comece a mudar sua mentalidade.** É hora de usar sua capacidade para ir de um lugar a outro. Se existe medo, é hora de começar a enfrentar esse medo. Se você continuar do jeito que está, onde vai parar? Daqui a cinco ou dez anos, você estará feliz? Se a resposta for não, é disso que você deveria ter medo.

2. **Mapeie exatamente qual o tipo de vida que você quer.** Não se empreende apenas pelo lucro. Usando meu exemplo, criei um negócio porque queria ter mais liberdade de tempo, fazer meu próprio sistema de trabalho e viver da minha paixão, que é escrever. Se eu morresse hoje, estaria satisfeito, embora algumas metas ainda não tenham sido batidas. Idealize que tipo de ofício e atividade faz ponte com o tipo de vida que você quer ter.

3. **Crie o hábito de planejar.** Não aprendemos isso na escola, o que é triste. Para sair de um ponto A para um ponto B, é preciso desenhar um mapa. Pegue um papel e uma caneta e escreva onde você está e onde deseja estar. E então trace o que precisa fazer para chegar lá. Revise esse papel sempre, modifique o desenho sempre que for preciso.

4. **Busque o conhecimento necessário para mudar.** Cara, se você não se esforça para ser melhor, sua vida continuará para baixo; sua falta de conhecimento vai puxá-lo para trás sempre. Que tipo de livro ou curso pode ajudá-lo a melhorar? Que tipo de post, vídeo ou áudio você pode acessar para assentar um tijolinho na parede da conquista? Faça do consumo de infor-

mação e da obtenção de conhecimento um hábito na sua vida. Sem isso, nada feito. Repito: sem isso, nada feito.

5. **Siga quem é melhor do que você, conviva com pessoas melhores.** Há espíritos mais elevados que o seu, mentes mais desenvolvidas que a sua. Se você não admitir isso e não começar a se portar com humildade diante de pessoas melhores — e se não parar para ouvi-las e considerar o que elas dizem — você estará agindo como a maioria, ignorando a sabedoria e a inteligência verdadeiras.

6. **Comece a agir como se já tivesse a vida que você sonha.** Se seu desejo é dar aulas de filosofia online, aja como se já fosse um filósofo conhecido na web e que as pessoas desejam ter como professor. Se seu desejo é ser reconhecido com seu talento de tocar guitarra, comece a agir como se as pessoas o conhecessem, já quisessem ir aos seus shows ou o contratar. Esse exercício vai fazer sua mente assimilar seu futuro e você estará cada vez mais perto do objetivo.

Esses são alguns insights que podem ajudar você a ir de um lugar a outro.

Agora você tem dois caminhos...

1. *Fechar este livro e continuar vendo memes de gatinhos e tretas de política sem mudar absolutamente nada da vida que você leva.*

2. *Marcar esta página e colocar em prática o que lhe transmiti, e começar a agir como alguém que não se conforma com o que vive, mas age diferente para ter a vida que quer.*

E se não der certo?

Quem disse que não deu?!

Herman Melville morreu quase completamente esquecido e sua morte não foi anunciada em nenhum jornal da época. Ele foi embora sem conhecer o sucesso que sua mais importante obra, o romance *Moby Dick*, alcançaria no século seguinte. O livro, na época da publicação, não obteve sucesso de crítica, sendo esse o principal motivo para o declínio de sua carreira.

A história de Melville mostra que a vida não dá garantia alguma de que seremos reconhecidos pelo nosso esforço. E que mesmo sendo um gênio, é possível que você morra desconhecido.

Lembre-se disso quando ouvir um guru motivacional dizer que basta se esforçar para conseguir, que basta mentalizar que o sucesso vem. Esse tipo de motivação barata gera em você uma faísca que pode levá-lo à completa frustração.

"Mas que papo pessimista, hein, Paulo!"

"Não, é papo realista."

Se você não encarar o fato de que não existe certeza nenhuma de sucesso, é possível que desista na primeira porrada que a vida lhe der. Se eu disser que posso morrer antes do meu próximo livro, não estou fazendo mau agouro, mas apenas considerando uma possibilidade.

Agora, uma coisa é certa: encarar a vida real com esforço e boas doses de otimismo é sempre bom. Parece contraditório, mas não. É algo mais ou menos assim: "Sei que a vida é incerta, insegura, e não há garantia alguma de que eu vou alcançar meu objetivo. Mas vou arriscar, afinal, viver conformado é uma bosta".

Leonard Mlodinow escreveu algo interessante:

> *"Pode parecer assustador pensar que o esforço e o acaso, tanto quanto o talento inato, são o que conta. Mas acho isso encorajador porque, enquanto nossa composição genética está fora de nosso controle, nosso grau de esforço depende de nós. E os efeitos do acaso também podem ser controlados na medida em que, ao nos comprometermos com repetidas tentativas, podemos aumentar nossas chances de sucesso."*

Então, mesmo sabendo que as coisas são incertas, você deve aplicar esforço, seguir de cabeça erguida usando seus melhores recursos.

Deu certo? Você ganhou! Deu errado? Você não se frustrou a ponto de parar, e tem energia para tentar de novo, de outra forma, com novos recursos. Essa é a minha fórmula, se é que podemos chamar assim.

Não se pode usar a incerteza da vida para ser um inútil ou mediano em tudo. Herman Melville morreu esquecido, mas nos deixou *Moby Dick*. Morreu esquecido, mas tornou-se imortal.

Se você não for capaz de escrever uma obra, crie um negócio, plante uma árvore ou deixe princípios e valores como herança. Só não me venha com a desculpa de que se a vida é incerta, vou apenas comer e beber e esperar o dia da morte.

Adote o "apesar"

Apesar das dificuldades, persisto.
Apesar da hostilidade, resisto.
Apesar da mentira, a verdade.
Apesar do fanatismo, a lucidez.
Apesar da corrupção, a honestidade.
Apesar do mal, o bem.

O "apesar" pode ajudar o filho que teve um pai horrível a tornar-se bom para seus filhos. "Apesar do meu pai, serei bom pai."

O "apesar" pode ajudar o fiel a manter-se firme diante de uma negação generalizada. "Apesar da apostasia, mantenho a fé."

O "apesar" pode ajudar o homem justo a se sobrepor à iniquidade de uma sociedade decadente. "Apesar de toda essa injustiça, permanecerei justo."

O "apesar" pode ajudar o miserável a ascender socialmente para ter uma vida mais digna. "Apesar da pobreza, a busca pela prosperidade."

O "apesar" pode ajudar alguém a obter instrução, mesmo que a maioria esteja emburrecendo. "Apesar da ignorância, o conhecimento."

O "apesar" pode ajudar qualquer um a manter-se esperançoso mesmo que a realidade seja dura e cruel. "Apesar da situação horrível, mantenho a esperança."

"Apesar" é uma palavra que admiro, assim como seus primos "independentemente de", ou "ainda que", "conquanto", ou mesmo, "embora".

A experiência também pode ser boa com "mas", "contudo", "porém", "no entanto", "entretanto" ou "todavia".

São termos que nos proporcionam maior sentido, sugerindo que, mesmo contrariando idéias apresentadas anteriormente, a realização de outras não está impedida.

Eu vivo apesar dos pesares.

Machado afiado

No meu escritório, há retratos de três grandes escritores; um deles é Machado de Assis. Tirando sua potência literária, que é indiscutivelmente admirável, o que me encanta é sua biografia.

Machado nasceu no Morro do Livramento, em 21 de junho de 1839, filho do pintor de paredes Francisco José de Assis e da lavadeira Maria Leopoldina da Câmara Machado, ambos muito pobres. Seus avós eram ex-escravos, alforriados.

Menino pobre, magrinho, de pele escura e traços típicos de negro, Machado era tímido, gago, se achava feio e sofria de um mal terrível, a epilepsia. Tinha apenas 10 anos de idade quando sua mãe morreu. Seu pai então mudou-se para São Cristóvão e se casou com a mestiça Maria Inês da Silva, a mãe adotiva que cuidou do garoto depois da morte do pai, que aconteceu pouco depois.

Maria Inês foi a primeira professora de Machado e ensinou a ele o pouco que sabia de letras e primeiras operações, antes de matricular o menino na escola pública.

Inês se empregou como doceira numa escola no bairro, e deu ao garoto a tarefa de, com um tabuleiro, vendê-los pelas ruas — atividade que o levou a perambular pelas ruas, gravando na memória situações, imagens e personagens que mais tarde povoariam seus escritos. Maria Inês foi mãe, amiga e leitora das primeiras publicações de Machado de Assis.

A história diz que Machado ficou amigo de um confeiteiro francês, empregado numa padaria do bairro que, à noite, ensinava francês ao menino, língua que na época era usada para a propagação da cultura, como hoje é o inglês.

Consta que Machado tinha facilidade para aprender idiomas. Era ainda jovem quando foi iniciado no inglês, ensinado a ele pelo escritor José de Alencar. Começou também a estudar grego, ensinado, de maneira igualmente informal, por outro amigo.

Desde menino desenvolveu o gosto pela leitura que o acompanhou pela vida afora. Sem dinheiro, muito jovem, tornou-se um frequentador assíduo do Gabinete Português de Leitura e, no transporte que o levava até o centro, ia calado, com a cara enfiada num livro.

Aquele menino tímido lutou para deixar a pobreza e subir na vida. Abriu seu caminho com trabalho, afinco e muito tato. Aos 21 anos de idade, já era conhecido nas rodas intelectuais cariocas.

Machado de Assis talvez tenha sido o escritor brasileiro mais completo não só do ponto de vista literário e estilístico, mas também social. Ao longo da vida, subiu os degraus da sociedade carioca.

Todos os dias eu sento para escrever diante do seu retrato. Ao vê-lo, não apenas não esqueço de onde eu vim, também de uma periferia carioca, como olho para onde ainda posso chegar.

Machado de Assis foi autor de dez romances, 216 contos e mais de seiscentas crônicas, além de poesias e peças de teatro — obra que o coloca ao lado de gigantes como Dante, Shakespeare, Camões, Goethe, Melville — autores que, como ele, estão entre os fundadores de suas literaturas nacionais.

Machado só foi o que foi porque salvou suas circunstâncias.

"A vida sem luta é um mar morto no centro do organismo universal."

— MACHADO DE ASSIS

Sucesso no Brasil é isso?

A realidade parece mostra que fazer sucesso no Brasil é "apenas" para artistas de novela, jogadores, youtubers e cantores de talento duvidoso. Esses são bem aceitos pela população.

Entretanto, se você se destacar em outras áreas — mesmo que com pequena popularidade — prepare-se para o desdém, o escárnio, a inveja e as críticas infundadas. Não veja isso como lamento, mas como orientação.

Se você não estiver disposto a se blindar contra o *complexo ativo de cão vira-lata raivoso do brasileiro praticante*, nem saia de casa. Se tiver a coragem de sair, não pare para atirar pedras: siga seu caminho.

E lembre-se de gastar suas energias apenas com quem realmente valoriza o que você faz. Felizmente, existe gente (pouca, mas de qualidade) que o coloca para cima!

> *"Você nunca vai chegar ao seu destino se parar e atirar pedras em cada cão que late."*
>
> — WINSTON CHURCHILL

Olá, Sr. AntiCapitalista!

Há certo sentido no *discurso anticapital* quando admite-se que dinheiro não pode satisfazer plenamente o espírito e salvar a alma. Se tem algo que acredito, piamente, é nisso.

Percebo, porém, que quem geralmente abomina dinheiro — mesmo ele podendo resolver até 90% dos problemas terrenos — são os mais materialistas. Pois relacionam a riqueza apenas ao capital financeiro.

Aliás, quem abomina dinheiro costuma sacrificar de oito a dez horas do seu tempo diário para recebê-lo em forma de migalha.

Ninguém precisa ser milionário, ninguém precisa empreender, mas todo mundo deveria desenvolver uma *mentalidade próspera,* já que ela é a responsável por nos livrar de uma vida miserável e ainda nos permite ser mais caridosos.

Uma mentalidade próspera não é somente para gerar mais dinheiro, não é resumir a vida terrena a um caça-níquel. Ela serve para não nos limitar e nos ajudar a perceber que abundância existe.

A mentalidade próspera valoriza o tempo, por exemplo. E o leva à busca de um emprego ou à criação de um sistema que lhe permita a riqueza de tempo. E quem possui tempo, tem o capital mais importante.

A mentalidade próspera também pode valorizar o estilo de vida. A pessoa pode buscar um emprego ou criar um modelo de negócio que lhe permita sustentar um modo de viver, seus hobbies, suas paixões sadias.

A mentalidade próspera também pode elaborar processos que permitem ser abundantemente altruísta. O empreendedorismo social, por exemplo, valoriza isso. Ele surge da lógica de que "quanto mais capital gerado, mais pessoas podem ser ajudadas".

Satisfação pessoal, realização de sonhos, obtenção de conhecimento, propósito para a própria vida, superação dos traumas de infância... A mentalidade de riqueza, de abundância, pode conseguir tudo isso mais facilmente.

Entende? Não só o dinheiro, é dinheiro também. É um jogo mental, que possibilita, inclusive, continuar sendo rico mesmo se a conta bancária ficar zerada.

Todo mundo sabe que miséria e pobreza são problemas. E todo mundo deveria saber que a solução sempre será a geração de riqueza. E quanto menos isso depender de terceiros, mais abundante a vida será.

Nada disso exclui a consciência de disparidade social. É lógico que pessoas abaixo da linha da pobreza não podem perceber a abundância, porque vivem num contexto de escassez.

Eles não são meu público-alvo aqui. Escrevo para pessoas minimamente educadas e mal-resolvidas mentalmente com questões financeiras, que geralmente não percebem que o *discurso anticapital* é fruto de crenças arraigadas que acabam *roubando o potencial de prosperidade*.

> *"O dinheiro não traz felicidade — para quem não sabe o que fazer com ele."*
>
> — MACHADO DE ASSIS

Devo ser rico?

Eu tinha treze anos quando, pela primeira vez, fiz uma reflexão mais profunda sobre *riqueza x pobreza*. Na ocasião, meu único sapato havia furado e, por não ter como comprar outro, fiquei uma semana sem sair de casa. Aquilo me afetou e me causou um incômodo que nunca passou. Com o tempo, entendi que a questão não era de apego material, mas de como a escassez afeta nossa dignidade.

Um sentimento semelhante ao dessa ocasião me acometia com frequência. Além de muito magro, corcunda e desengonçado — parecendo um ganso com escoliose — eu precisava repetir sempre a mesma roupa. Por isso era vítima de zombarias na escola e nos grupinhos de colegas. Isso abalava minha autoestima.

Era doído ser pobre. No entanto, isso de alguma forma me despertou. Comecei a entender que prosperar é, de alguma forma, resgatar a dignidade. E nesse contexto, alguma coisa me dizia que, além de Deus, era eu o principal responsável por fazer minha vida melhorar.

Aprendi que o Criador supre as necessidades, mas você deve fazer sua parte, cuidando dos recursos que Ele concedeu. Quando criou o Éden, Deus não colocou Adão ali para viver deitado na rede tomando água de coco. Ele ordenou que o homem cuidasse da terra, tomasse conta dos bichos, nomeasse os animais. Era tudo perfeito no Paraíso, não havia Capitalismo, mas Adão trabalhava.

Após a Queda, o trabalho tornou-se árduo por estar ligado ao pecado. "Com o suor do teu rosto comerás o teu pão, até que voltes ao solo, pois da terra foste formado." Mas o pedaço do Paraíso ficou por aí, perdido, e parece que agora precisamos batalhar para merecê-lo novamente.

Com o tempo, fui elaborando questões, tais como: "Você prefere ser senhor das riquezas ou escravo da pobreza?"; "Riqueza tem mais a ver com 'ser' ou com 'ter'?"; "Prosperidade é quando você pode dar mais, ou quando acumula mais?" e "É o dinheiro ou o amor ao dinheiro a raiz de todos os males?"

Fui crescendo e construindo a missão de transformar meu trabalho em frutos dignos, o que inclui frutos materiais. Afinal, como dizia C. S. Lewis, Deus nunca pretendeu fazer do homem uma criatura estritamente espiritual. Essa é a razão pela qual Ele usa coisas materiais como água, pão e vinho para transmitir a nova vida. Deus gosta de matéria, foi Ele quem a criou.

O problema é que muitos reduzem a riqueza apenas a questões materiais pequeno-burguesas: a quantidade de dinheiro, a melhor casa, o melhor carro, a melhor bebida. Tudo isso é bom, mas **a riqueza tem mais a ver com tornar-se melhor**. Se você dedicar sua vida apenas ao ter, aos bens terrenos, você se torna fútil, niilista — e isso contrapõe a essência da verdadeira riqueza.

Apesar de desejar uma vida melhor, nunca me agradou esse padrão classe média carioca, essa tara por caprichos modernos e privilégios de triviais da Zona Sul. Que beleza há em ter uma TV de última geração e nenhum jardim? Por que ter um carro ultra-moderno e nenhuma biblioteca? Por que comprar um sofá de couro se não há criança para pular nele?

Hoje acredito que a prosperidade material ideal é aquela que permite ter a beleza e o conforto dos castelos, enquanto se mantém a liberdade do rei, a dignidade do camponês e a honra do guerreiro.

Continuo defendendo que prosperar é resgatar a dignidade, e que ser próspero é uma das melhores formas de tornar-se livre, pois o homem pobre é facilmente escravizado (não ter sapatos era uma condição dos escravos).

Ouso até dizer que num cenário aceitável, o homem não pode ser culpado de ter nascido pobre, mas é responsável por morrer assim. Se não trabalhar para SER melhor — e se não viver aberto a receber a prosperidade cedida pelo Criador — estará cada vez mais longe do Jardim.

Dito isso, com o intuito de afirmar estar bem resolvido na questão da "prosperidade", destaco que dentro da dignidade do homem próspero está o compartilhar, o doar, o servir. Lembremos do conselho deixado por São Francisco de Assis:

> "Quando você deixar a terra, não poderá levar nada do que recebeu, apenas o que você doou: um coração aprimorado pelo serviço honesto, amor, sacrifício e coragem."

Em outros termos, trabalhe, esteja aberto a prosperar. Mas não perca de vista os valores que transcendem a matéria.

Reflexões sobre riqueza em pílulas

1. A riqueza é subjetiva.
2. Se miséria é problema, riqueza é solução.
3. Ser rico é quase sempre associado a dinheiro, mas como as pessoas faziam para ser ricas antes de existir dinheiro?
4. Associar riqueza somente a dinheiro é ter pensamento pobre. Gosto de associar riqueza à abundância.
5. Creio que há sempre fartura de capital (não apenas financeiro) à disposição de quem se dispõe a gerar riquezas.
6. Certa vez, no meio da floresta, percebi que a matéria que Deus nos deu ao criar o mundo é uma riqueza sem tamanho. Você já viu uma cascata de perto? Aquilo é abundância expressiva.
7. A Bíblia está certa sobre dinheiro e em todos os conselhos contra o acúmulo material. E para entender isso, é preciso compreender que riqueza excessiva pode levar à avareza, ao orgulho, à soberba e à ganância, por exemplo.
8. É extremamente difícil enriquecer honestamente, mas é possível.

9. É absolutamente possível ser rico sem ser escravo do dinheiro. Andrew Carnegie foi o homem mais rico de sua época e doou todo seu dinheiro no final da vida. Segundo ele: "o homem que morre rico, morre desonrado."

10. Ser rico muda muito de acordo com o ambiente que você vive. Ganhar R$ 11.000 por mês em Belford Roxo é ser rico naquela cidade. Entretanto, R$ 11.000 não pagam as despesas de um residente de apartamento padrão em Alphaville.

11. Ser rico muda de acordo com o contexto. Um empresário que não gera riquezas está falhando em sua vocação ou propósito, já que a função de um negócio é gerar lucros.

12. Alguns que são contra o lucro não fazem a mínima idéia do que é ter empresa. Se você não gera lucro, você quebra e joga famílias no desemprego. Nesse caso, quanto mais rica é a empresa, mais socialmente colaborativa ela pode ser.

13. Até o mais radical anticapitalista precisa comer e pagar os boletos; e até as Organizações Não Governamentais e Organizações Religiosas necessitam de doações financeiras. Alguém, obviamente, precisa gerar esse tipo de capital.

14. Muita gente condena o lucro privado, mas de onde eles acham que vem os recursos públicos?

15. É preciso ampliar o conceito de riqueza para enxergar os muitos tipos de riqueza imaterial: espiritual, intelectual, cultural etc.

16. Conversei com um ex-frei franciscano que hoje trabalha com Marketing. Ele disse que é bem resolvido com dinheiro, porque na época que liderava um mosteiro, percebeu que sem as doações milionárias que o mesmo recebia, o trabalho caridoso em larga escala seria impraticável.

17. O desejo excessivo pela riqueza é um pecado. Temos que aprender que podemos viver bem com muito menos do que temos ou almejamos. Em contrapartida, não devemos ser desprovidos de ambições saudáveis, já que isso nos livra do conformismo. Se eu não tivesse a mínima ambição de melhorar financeiramente, provavelmente ainda estaria vivendo na favela.

18. *"Não estejais ansiosos por coisa alguma"*, diz a Bíblia. Mas também diz que *"do suor do teu rosto comerás"*, e *"o trabalhador é digno do seu salário"*.

19. Acredito piamente que a vocação de alguns está associada à pobreza. Um franciscano que faz um voto de pobreza está cumprindo seu propósito. Mas se você não tem esse tipo de vocação, pelo amor de Deus, não a use como desculpa, não se torne um conformado.

Também não venda a alma ao diabo

Em certa ocasião, destaquei em algumas conversas privadas com amigos como os homens estão dispostos a vender a alma por um pouco de dinheiro, poder, fama, prestígio e glamour. **Num mundo onde o politicamente correto reina, muitas ofertas chegam a você de bandeja.** Para tê-las, basta negar ou fingir negar aquilo que você sempre acreditou.

Usei o exemplo de uma figura conhecida que passou anos defendendo determinados valores até a oportunidade de abrir mão de quem é. Hoje ele tem mais fama, mais influência e mais dinheiro, mas o conteúdo que produz em grande parte é lixo. Isso é vender a alma.

Não é que essa figura evoluiu, ela apenas se vendeu, porque é difícil ser quem você é e ainda assim manter a aprovação das massas. Isso explica a conversão de alguns ao sofismo e ao tipo de mídia água com açúcar que tomou os canais digitais. No mundo do holofote, é o sofista que retém a atenção dos grandes públicos e garante aplausos na velocidade da luz. É o que também dá lucro em curto, médio e longo prazo.

Outro dia um pequeno-tirano tentou me ameaçar com essa tal "cultura do cancelamento" (aliás, essa é uma das coisas mais idiotas que eu já vi). Por não aceitar uma opinião minha, ele cogitou levantar a bandeira para me cancelar nas redes.

Disse a ele que não temos esse tipo de coisa, que só Deus pode me cancelar, e que uma ação como essa no máximo me jogaria no anonimato, o que para mim seria uma bela oportunidade de escolher outro caminho honesto para seguir, sem abrir mão do que eu sou e do que acredito.

Ele sumiu com a mesma velocidade que apareceu. É assim que tem que ser com essa gente. Se você mostra que tem medo, eles se fazem. **Toda tirania, seja de opinião ou de governo, é absurda, e só pode ser combatida com coragem e rebeldia.**

Ao perceber tudo isso, sem medo de me arrepender, afirmo que prefiro abrir mão da minha popularidade como escritor ou comunicador (que nem é tão grande assim, mas paga minhas contas) a me curvar aos deuses da pós-modernidade.

Não tenho vergonha de admitir publicamente que ideologia é doença; que tenho profundo respeito pela religião e pela tradição; que zelo pela idéia universal de casamento e família; que defendo abertamente a propriedade privada e que luto pelo direito incondicional à vida desde o ventre.

Essa são verdades antigas que não podem ser sufocadas porque a maioria deixou de acreditar nelas. Afinal, como explicou Chesterton: **"As falácias não se tornam menos falácias porque se tornaram modas."** Essa é a minha bandeira, não levantada com militância, mas fincada nos chãos da minha vida.

Brennan Manning dizia: **"Não ser outra pessoa a não ser você mesmo, num mundo que, dia e noite, faz todo o possível para que você seja outro, significa travar a mais árdua batalha que um ser humano pode travar."**

Estou disposto a travar essa árdua batalha em vez de me curvar à tirania da opinião, mesmo que isso signifique escrever livros que não vendam, fazer posts que não engajem e falar com as paredes.

Eu poderia apenas tratar sobre marketing e negócios ou jogar confetes em forma de posts motivacionais. Isso me daria mais status e mais dinheiro. Entretanto, prefiro seguir com o que acredito e me permitir acordar e dormir sem que os meus filhos tenham motivo para se envergonhar do pai que têm.

Isso é recusar-se a dar errado!

Construa sua fortaleza

Você está com medo, preocupado, ansioso?

Os estóicos têm um conceito chamado de **Cidadela Interior**. Eles defendem que essa fortaleza é o que protege a alma, e que se você construir bem essa fortaleza, pode até estar fisicamente vulnerável ou à mercê do destino, mas seu interior permanece impenetrável.

Pense em Viktor Frankl num campo de concentração sendo torturado, presenciando horrores e ainda assim se mantendo são. Pense em James Stockdale preso no Vietnã por quase oito anos e sendo capaz de manter a sanidade. Pense no apóstolo Paulo sendo preso e açoitado incontáveis vezes e ainda assim dizendo: **"Quanto estou fraco é que sou forte."**

Esses são exemplos de Cidadela Interior!

Entretanto, todo sistema é tão forte quanto seu componente mais fraco. Nenhuma defesa será útil se uma entidade de caráter questionável resolver abrir os portões da fortaleza. Entregar-se ao medo, ao desespero, à ansiedade, provoca a abertura dos portões para outras emoções e impressões negativas.

Lembre-se: você tem uma fortaleza a defender, por isso não deixe entrar qualquer um que bata à porta. Nem todas as impressões são verdadeiras, e estamos o tempo todo sendo manipulados por fatos deficientes e narrativas tortas.

Cuide de sua Cidadela!

"Nós, que vivíamos em campos de concentração, podemos nos lembrar dos homens que caminhavam pelas cabanas confortando os outros, dando seu último pedaço de pão. Eles podem ter sido poucos em número, mas oferecem provas suficientes de que tudo pode ser tirado de um homem, exceto uma coisa: a última das liberdades humanas — escolher sua atitude em qualquer conjunto de circunstâncias, escolher seu próprio caminho."

— VIKTOR E. FRANKL

"O corpo humano pode ser aprisionado ou controlado pela força física, mas isso não acontece com a mente humana. Nenhum homem neste mundo pode controlar a mente de uma pessoa normal e saudável se esta escolhe exercer o direito dado por Deus de controlar a própria mente. A maioria das pessoas não exercita esse direito. Passam pelo mundo sem descobrir forças que permanecem dormentes em suas mentes."

— NAPOLEON HILL

> *"Você pode aceitar a noção de que, uma vez que você muda seu estado interno, você não precisa do mundo externo para lhe fornecer um motivo para sentir alegria, gratidão, apreciação ou qualquer outra emoção elevada?"*
>
> — DR. JOE DISPENZA

> *"Por isso, não desfalecemos; mas, ainda que o nosso homem exterior se corrompa, o interior, contudo, se renova de dia em dia. Porque a nossa leve e momentânea tribulação produz para nós um peso eterno de glória mui excelente, não atentando nós nas coisas que se veem, mas nas que se não veem; porque as que se veem são temporais, e as que se não veem são eternas."*
>
> — APÓSTOLO PAULO

Esse tipo de conhecimento será fundamental na vida de quem se recusa a dar errado, principalmente nos momentos em que os fatores externos parecerem conspirar contra você e seus objetivos.

Seu corpo tem que estar aqui, mas...

Outro dia, enquanto pintava o canteiro de minha casa recém-alugada, lembrei de um filme que assisti na infância: *Condenação Brutal*, com Sylvester Stallone. A história desse filme ficou registrada em meu imaginário.

O talentoso mecânico Frank Leone é um prisioneiro modelo prestes a terminar de cumprir pena em uma prisão de segurança mínima. Até que, aparentemente sem motivos, é transferido para uma prisão de segurança máxima administrada por um diretor que nutre imenso ódio por ele.

O diretor faz de tudo para que ele nunca mais seja solto e transforma o restante da pena em um inferno. Leone luta para se livrar da tormenta.

O filme tem cenas interessantes e passa uma mensagem positiva sobre amizade e trabalho em equipe, principalmente quando os detentos que trabalham na oficina resolvem reformar um Mustang.

No entanto, uma cena específica com uma fala de Leone ficou gravada em minha memória; na verdade, a essência do que ele disse ficou:

> *"Seu corpo tem que estar aqui, mas sua mente pode estar em qualquer lugar."*

Lembro que quando criança ficava fazendo exercícios de imaginação para colocar isso em prática. Mesmo estando deitado na minha cama, poderia estar mentalmente nos EUA, em Nárnia, em Gotham.

Na juventude, enquanto viajava nos livros de história, também ficava imaginando como seria se vivesse em um regime ditatorial; se passasse o que Anne Frank sofreu na época do nazismo ou se fosse um dos cristãos perseguidos no Oriente Médio.

Eu acreditava que poderia estar mentalmente em qualquer lugar, mesmo que o meu corpo estivesse preso, mesmo que eu vivesse um inferno, como Frank Leone, em *Condenação Brutal*.

Com o tempo me esqueci de como é fascinante ter poder sobre a própria mente, até que tive contato com a filosofia estóica. Essa filosofia me levou de novo ao trabalho com a busca pela liberdade mental.

O poder sobre o que se pensa é um poder absoluto. Entende por que há tanta gente brigando pelo poder sobre a sua mente? Quem a comanda, controla tudo. E é por isso que você deve manter sempre o controle sobre os próprios pensamentos.

Aprenda com um escravo

Epicteto foi um filósofo grego que viveu em Roma, como escravo a serviço de Epafrodito, um secretário cruel de Nero que, segundo a tradição, uma vez lhe quebrou uma perna.

Apesar de sua condição como escravo e aleijado, Epicteto conseguiu assistir às preleções do famoso estóico Caio Musônio Rufo — e tornou-se um notável pensador.

"Como viver uma vida plena, uma vida feliz?"

"Como ser uma pessoa com boas qualidades morais?"

A paixão de Epicteto foi buscar respostas a essas duas perguntas.

Embora suas obras sejam menos conhecidas hoje — em função do declínio do ensino da cultura clássica — tiveram enorme influência sobre as idéias dos principais pensadores da arte de viver durante quase dois mil anos.

Para Epicteto, **uma vida feliz e uma vida virtuosa são sinônimos**. Felicidade e realização pessoal são consequências naturais de atitudes corretas.

Hoje buscamos nos inspirar em homens bem-sucedidos — o que é bom, de toda forma; mas é interessante como um escravo deficiente continua a mover águas na história e a nos inspirar a viver!

Antes de toda filosofia deixada, Epicteto mostra que não há desculpas para morrer ignorante, mesmo quando não se tem liberdade social ou física.

> *"Querias ser livre. Para essa liberdade, só há um caminho: o desprezo das coisas que não dependem de nós."*

Quem tem o poder de quebrar sua liberdade de escolha?

Uma das passagens que mais me intriga e me encanta fala justamente de Epicteto, este escravo que se tornou um dos grandes representantes da filosofia estóica.

Ao ser torturado por seu dono, Epicteto disparou: "Ei, vai quebrar minha perna." E quando isso efetivamente aconteceu, Epicteto enfatizou: "Viu, quebrou minha perna!" – algo como "Eu te avisei, né?"

Esse é o estado de espírito de quem alcança a liberdade. Ainda na mesma situação, o escravo teria dito: **"Você pode amarrar[1] minha perna, mas nem mesmo Zeus tem o poder de quebrar minha liberdade de escolha."**

"Esse é o seu 'dom mais eficaz'", disse Epicteto — "o poder de sempre controlar como você responde às situações". Esse é o ingrediente da liberdade, qualquer que seja sua condição.

A melhor maneira de esperar uma bomba atômica

Tem crises que o abalarão de uma forma ou de outra, por mais preparado que você esteja. Ver o que você ama ser destruído, déspotas oprimindo pessoas cegas diante da alienação e abrindo mão de suas liberdades, por exemplo, não pode ser fácil. Entretanto, você pode tomar a decisão de continuar vivendo com nobreza.

---
[1] Sua perna havia sido amarrada e, depois, quebrada.

Não, não é embarcar em uma ilusão. É apenas encontrar uma maneira de manter a sanidade. É como saber que há uma tempestade lá fora, mas continuar planejando o passeio para o dia de sol.

Há um trecho do ensaio "*On Living in an Atomic Age*" (em português, "*Vivendo numa Era Atômica*"), de C.S. Lewis, que explica como devemos agir diante de um perigo eminente e incontrolável:

> *"De certa forma, pensamos demais na bomba atômica. 'Como devemos viver em uma era atômica?' Fico tentado a responder: 'Ora, como você teria vivido no século XVI, quando a praga visitava Londres quase todos os anos ou como você teria vivido na era Viking, quando invasores da Escandinávia poderiam chegar e cortar sua garganta a qualquer noite; ou, de fato, como você já vive em uma era de câncer, sífilis, uma era de paralisia, uma era de ataques aéreos, uma era de acidentes ferroviários, uma era de acidentes automobilísticos.'*
>
> *Em outras palavras, não vamos começar a exagerar o ineditismo de nossa situação. Acredite em mim, prezado senhor ou senhora, você e todos os que ama já foram condenados à morte antes que a bomba atômica fosse inventada: e uma grande porcentagem de nós morreria de maneiras desagradáveis. Tínhamos, de fato, uma grande vantagem sobre nossos ancestrais — anestésicos; e ainda os temos. É extremamente ridículo conti-*

nuar choramingando e mostrando rostos desanimados, porque os cientistas acrescentaram mais chances de morte prematura e dolorosa a um mundo que já se arrastava com essas chances e no qual a própria morte não era uma chance, mas uma certeza.

Esse é o primeiro ponto a ser abordado: e a primeira ação a ser tomada é nos recompormos. Se todos nós formos destruídos por uma bomba atômica, que ela nos encontre fazendo coisas sensíveis e humanas — orando, trabalhando, ensinando, lendo, ouvindo música, banhando as crianças, jogando tênis, conversando com nossos amigos com uma caneca na mão e um jogo de dardos — e não amontoados como ovelhas assustadas pensando em bombas. Elas podem destruir nosso corpo (um micróbio pode fazer isso), mas não conseguem dominar nossas mentes."

O desespero toma conta quando você enxerga a vida como um fim em si mesmo. Mas quando você olha as circunstâncias pelo viés da eternidade, verá que o sofrimento de anos é apenas um minuto de dia nublado.

Você não pode controlar muitas situações, mas sempre terá o poder de pensar e agir diante das circunstâncias. Em muitos casos, será duro, doerá, você sentirá medo, sofrerá pressão por todos os lados, mas o poder sobre o que pensa ainda é seu.

Você consegue desapontar o mal?

Em 1940, o Dr. John McCurdy dirigiu até um bairro pobre de Londres que acabara de ser bombardeado a mando de Hitler. O cenário era de destruição, exibindo crateras e prédios desmoronados — um verdadeiro pandemônio. O que o psiquiatra viu, no entanto, era espantoso...

Garotinhos continuavam brincando como se nada tivesse acontecido, pessoas iam às compras, um policial coordenava o tráfego, os ciclistas desafiavam as leis de trânsito — tudo aparentemente normal na rotina de muitos.

"Ninguém, até onde pude ver, sequer olhava para o céu", relata o médico. A descrição é só uma parte do relato completo sobre a estranha serenidade que se estabeleceu em Londres naqueles meses.

Ao entrevistar um casal de ingleses na cozinha da casa deles, um jornalista observou os dois tomando chá enquanto as janelas estremeciam com os efeitos das explosões. "Vocês não estão com medo?", perguntou o repórter. "Ah, não. Se estivéssemos, que diferença faria?"

Hitler não levou em conta a frieza dos britânicos, nem mesmo seu humor irônico, como expresso por donos de lojas que colocavam cartazes em frentes aos comércios anunciando: **ESTAMOS MAIS ABERTOS QUE O NORMAL**. O proprietário de um bar propagandeou em plena devastação: **NOSSAS JANELAS FORAM DESTRUÍDAS, MAS NOSSAS BEBIDAS CONTINUAM ÓTIMAS. ENTREM PARA EXPERIMENTAR.**

O mais incrível, na minha opinião vem agora: enquanto parte do país era destruída, a saúde mental pública melhorou, o alcoolismo diminuiu e houve menos casos de suicídio. Havia raiva, tristeza e dor pelos entes queridos perdidos. Mas a forma como os ingleses lidaram com tudo continua deixando especialistas boquiabertos.

E quando enfim a guerra cessou, os britânicos sentiram saudades dos tempos de bombardeios, quando todos se ajudavam e ninguém se importava com convicções políticas, tampouco com o fato de alguém ser rico ou pobre. "A sociedade britânica se fortaleceu de muitas maneiras. O efeito causado em Hitler foi de desapontamento", escreveu um historiador inglês.

Foque o que está sob o seu controle

"Você tem poder sobre sua mente — não sobre eventos externos. Perceba isso e você encontrará a sua força."

— MARCO AURÉLIO

Thai Quang Nghia é um vietnamita que tem uma história de vida marcante. Ele viveu os horrores do comunismo em seu país de origem e precisou fugir para o Brasil. Antes disso, porém, ele conta que, mesmo com o regime comunista, conseguiu comercializar café e montou uma equipe de vendas para sobreviver após sair do campo de concentração.

Ele também relata: "Quando cheguei no Brasil, precisei estudar e me adaptar. Foram dias difíceis. Após ter passado por tantas adversidades e conseguir sobreviver em um país desconhecido, continuei correndo atrás dos meus sonhos. Lutei muito, consegui empreender e expandir os negócios."

Eu sabia que tudo dependia de mim e que era preciso estudar muito e ser resiliente. Continuei caminhando e me mantive firme no meu propósito até o final.

Não importa sob qual regime você esteja. Se comunismo ou capitalismo. Por isso, sempre sugiro para as pessoas: lutem! Faça aquilo que você pode fazer e foque as coisas que você pode controlar. Deixe de lado aquilo que não está no seu alcance e dê o seu melhor!"

Isso está mesmo acontecendo?

Precisamos nos atentar também se o problema que estamos enfrentando está na realidade ou existe apenas em nossa imaginação. As quatro citações abaixo podem nos ajudar a entender:

"Sofremos mais na imaginação do que na realidade."

— SÊNECA, FILÓSOFO ROMANO

> *"Tive milhares de problemas na minha vida, a maioria dos quais nunca realmente aconteceu."*
>
> — MARK TWAIN, ESCRITOR NORTE-AMERICANO

> *"Sua mente é o maior escritor de 'novelas' da história: ela inventa histórias incríveis, geralmente baseadas em dramas e desastres, de situações que nunca aconteceram e provavelmente nunca acontecerão."*
>
> — GARY VAYNERCHUK, MARQUETEIRO NORTE-AMERICANO

> *"Pare de palhaçada, isso é tudo coisa da sua cabeça."*
>
> — PAULO MACCEDO, ESCRITOR BRASILEIRO

E se tudo estiver mesmo mal das pernas...

Nenhuma época é tão ruim que não possa um homem justo viver nela. Enquanto alguns se preocupam se a narrativa de Noé foi verídica, outros entendem que há na história uma lição de virtude: Noé era homem justo e íntegro entre os seus contemporâneos — e por isso foi usado na redenção da humanidade.

Há uma fala atribuída à Santa Joana D'arc que traz uma grande lição: **"Defende o que é certo mesmo que isso signifique estar sozinho. Se isso for difícil de fazer, peça a Deus a graça da fortaleza.".**

Falta de percepção, a negação ou a conformidade diante da maldade são sinais de morte moral e espiritual. Incomodar-se diante dos males do mundo sinaliza que você está vivo. "**Só uma coisa morta segue a correnteza. Tem que se estar vivo para contrariá-la**", escreveu Chesterton.

De Eric Voegelin: "**Ninguém está obrigado a participar da crise espiritual de uma sociedade; ao contrário, todos estão obrigados a evitar a loucura e viver sua vida em ordem.**"

Você deve evitar sofrer por aquilo que não controla, lembra? Eu não tenho controle sobre a crise política no Afeganistão, mas posso ter controle sobre a crise mental a que posso estar submetido agora. É insanidade focar algo maior e distante enquanto negligencia aquilo que está perto.

"O mundo nunca foi normal" — explica C. S. Lewis — "a vida humana sempre viveu à beira do precipício". O que acontece é que há épocas em que nossa miséria fica mais evidente.

"**Eu li a última página da Bíblia. Tudo vai acabar bem**", registrou o pregador Billy Graham.

16 pílulas de reflexão para serem lidas rapidamente

1. Você tem mais medo de perder do que desejo de ganhar. Por medo de perder a vida, está deixando de viver.
2. Autores concordam que 98% das pessoas vivem alienadas. Apenas 2% têm algum tipo de consciência so-

bre a realidade e sobre como ela acontece. Então é provável que você e eu sejamos mais alienados do que possamos admitir.

3. Você tem coragem de ir até o fim? Você sabe do que precisa desistir?
4. O que você foca, expande. Foque o mal e a tragédia e a vida será insuportável. Foque o bem, apesar do mal, e veja a magia acontecer.
5. Você não consegue ver que, apesar das circunstâncias, ainda há beleza e esperança no mundo? Você olhou para o céu hoje?
6. Você não tem vergonha de alimentar a paixão política mesmo sabendo que na política se pratica tudo de ruim? Com tantas boas referências no mundo, por que você prefere se apegar a pulhas, canalhas e corruptores? Isso diz muito sobre você, não acha?
7. Já reparou que você fala tanto em liberdade, mas não consegue nem ficar sem usar o celular, sem fumar, sem comer demais e sem ter um orgasmo? Já mediu seu nível de escravidão?
8. Você absorve notícias ruins todos os dias e é incapaz de apreciar o sorriso de uma criança, dar carinho a um idoso ou alimentar um animalzinho. Você não sente vergonha?
9. Você enche a boca para falar que se preocupa com os pobres, mas seus atos de caridade continuam no zero. Será que você não se tornou um demagogo que

terceiriza a responsabilidade só para se sentir menos culpado?

10. Ninguém é bom até admitir que é ruim. Você anda por aí se achando o melhor dos seres humanos, mas é capaz de cometer maldades inimagináveis. Você só começará a ser bom quando olhar no espelho e concordar com isso que acabei de dizer.

11. Você tem o poder e a capacidade de criar uma vida mais bela e interessante, mas prefere se manter apegado a ninharias.

12. Todos os dias a realidade bate na sua cara, mas você se mantém preso à ilusão porque ela se tornou confortável para você. Pensar dá trabalho e gasta energia, por isso você faz questão de se manter no piloto automático.

13. Você diz que detesta ler ou não tem tempo para pegar um livro, mas sem saber você absorve diariamente o mesmo número de informações impressas em algum livro que poderia mudar sua realidade. Só porque você faz isso sem sentir não significa que seu cérebro não esteja sendo usado.

14. Você diz que tem pensamento crítico, se considera rebelde, mas é obediente. Obedece a leis injustas, a governantes corruptos, a idéias controversas, a comandos ocultos. Você nem mesmo consegue desobedecer aos ideais que você formou ainda na adolescência. Bela rebeldia essa, hein!

15. Você é apegado a sentimentos ruins e alimenta o lobo mau que existe aí dentro com filé mignon. Em vez de expressar palavras de afeto, carinho e perdão, você se entrega ao rancor, ao ressentimento e ao deboche.

16. Se você não agir hoje, vai viver e terminar sua vida como um medíocre, sendo esquecido ou apenas lembrado pelas coisas que deixou de fazer. Não acha que está na hora de acordar?

BOA NOTÍCIA: isso tudo pode mudar hoje, basta querer. Assim como um despertador nos acorda pela manhã, a vida nos faz abrir os olhos. A escolha de voltar a dormir ou levantar para agir é sempre nossa.

Esse tipo de abordagem pode soar caga-regras demais, mas é apenas uma maneira mais enfática de tratar tais questões. Ninguém vai colocar a faca no seu pescoço e obrigá-lo a mudar. Se você acha que soa "moralista" demais, ignore e faça como acha que deve fazer. Ah, e compartilhe os resultados depois!

Se eu não fosse Paulo, queria ser Diógenes

Muitos e muitos séculos antes do seriado Chaves ir ao ar, um homem decidiu viver num barril, abrindo mão de todo conforto pessoal. Estamos falando de Diógenes, o Cínico, filósofo da Grécia Antiga.

Diógenes buscava o ideal cínico da autossuficiência: uma vida que fosse natural e não dependesse das luxúrias da civilização. Por acreditar que a virtude era melhor revelada na ação, e não na teoria, dedicou-se a desbancar as instituições e valores sociais do que ele via como uma sociedade corrupta.

É famosa a história de que ele saía em plena luz do dia com uma lamparina acesa procurando por homens verdadeiros (homens autossuficientes e virtuosos).

Igualmente famosa é a história com Alexandre, o Grande — o homem mais poderoso de seu tempo. Ao encontrar o filósofo, Alexandre perguntou o que poderia fazer por ele.

Acontece que, devido à posição em que se encontrava, o rei fazia-lhe sombra. Diógenes, então, olhando para Alexandre, disse: "Não me tires o que não me podes dar!" ou "Deixa-me ao meu sol".

Essa resposta impressionou Alexandre, que, ao voltar, ouvindo seus oficiais zombarem de Diógenes, disse: "Se eu não fosse Alexandre, queria ser Diógenes."

Uma terceira história conta que um dia Diógenes foi visto pedindo esmola a uma estátua. Quando lhe perguntaram a razão, ele respondeu: "Por dois motivos: primeiro é que ela é cega e não me vê e segundo é que eu me acostumo a não receber algo de alguém e nem depender de alguém."

Como os outros cínicos, Diógenes acreditava que o objetivo da vida é a felicidade, bem como a clareza e a lucidez — a libertação da nebulosidade, que significava ignorância, inconsciência, insensatez e presunção.

Diógenes também praticava o descaramento ou a desfaçatez, e desafiava aspectos da sociedade: as leis, os costumes e as convenções sociais que as pessoas aceitavam como correto.

O filósofo atacou muitos valores do mundo grego, pregando novidades como a liberdade sexual total, a indiferença à morte, a igualdade entre homens e mulheres, a negação do sagrado, a supressão das armas e da moeda etc.

"Os piores escravos são aqueles que estão servindo constantemente as suas paixões", dizia.

Se eu não fosse Paulo, queria ser Diógenes.

Oi, Formiga!

Em *Humanidade: Uma História Otimista do Homem*, Rutger Bregman traz uma reflexão interessante:

"Às vezes me lembro da forma como as formigas andam em círculos sem conseguir mudar de direção. Formigas são programadas para seguir as trilhas de feromônio das outras. Em geral, o resultado são fileiras de formigas bem organizadas, mas de vez em quando um grupo se desvia e acaba "perdido" num círculo contínuo.

Dezenas de milhares de formigas podem ficar presas girando em círculos de centenas de metros de largura. E continuam andando cegamente, até sucumbirem por exaustão ou morrerem por falta de alimento.

De tempos em tempos, famílias, organizações e até países inteiros se veem nesses tipos de espiral. Andamos em círculos, imaginando o pior dos outros. Poucos se mexem para resistir, e assim continuamos marchando para a derrocada.

A confiança quase sempre começa quando alguém ousa ir contra o fluxo — alguém que de início é visto como irrealista, até ingênuo. São pessoas motivadas pelo que William James chamou de "disposição para acreditar"."

O Homem na Estrela

Starman, também conhecido como o logo do "Homem na Estrela", é um símbolo que aparece pela primeira vez na parte de trás da capa do disco "2112", lançado em 1976, pela banda Rush.

Neil Peart, o idealizador, descreveu o Starman em uma entrevista: "O que [o homem nu] significa é o homem abstrato contra as massas. A estrela vermelha simboliza qualquer mentalidade coletivista."

Na arte do disco, a "mentalidade coletivista" é retratada como "A Estrela Vermelha da Federação Solar", que, segundo a história, é uma federação de dimensões galácticas que controla todos os aspectos da vida durante o ano 2112.

O homem do emblema é retratado como o "Herói". Hugh Syme, o criador das capas dos álbuns do Rush, comentou:

"O homem é o herói da história. O fato de estar nu é apenas uma tradição clássica... A pureza de sua pessoa e criatividade sem as armadilhas de outros elementos como vestimentas. A estrela vermelha é a estrela vermelha do mal da Federação."

Esse conceito expressa a oposição entre o ser humano, livre e dotado de criatividade — representado pelo homem nu — contra a mentalidade coletivista que oprime a individualidade dos sujeitos, representada pela estrela.

Se déssemos um disco "2112" para cada indivíduo no mundo com todas essas explicações e pedíssemos que ouvissem; e se ainda distribuíssemos romances resumidos como *1984*, de George Orwell; e se ainda explicássemos com calma o que o "homem-massa" de Ortega Y Gasset representa; a maioria das pessoas ainda optaria pela "mentalidade coletivista" e o endeusamento do Estado.

Há uma tendência repetitiva do homem-médio de permitir que seja controlado. Mesmo com toda a história ainda disponível a poucos cliques, mesmo com toda má experiência, comprovada, trazida pelo comunismo e pelo fascismo, ele sempre permite que uma nova "Estrela Vermelha da Federação Solar" surja!

Dominado por uma cultura descolada da prática reflexiva, o homem-massa rompe com a transcendência e com a razão, esquece o passado, despreza a tradição e a erudição. Previamente esvaziado de sua própria história, e sem ligação com o passado, torna-se novamente dócil com seus novos opressores.

O Herói, o que resiste ao poder da estrela, é o único capaz de salvar seu tempo. Aliás, este "Herói" pode ser encontrado na fala de Chesterton:

> *"Cada época é salva por um pequeno grupo de homens que têm a coragem de não serem atuais."*

Antídoto para o caos?

Logo na abertura do livro "12 Regras Para a Vida", o psiquiatra Norman Doidge traz relatos interessantes sobre Jordan Peterson. O primeiro é o fato já sabido que Peterson é constantemente acusado por extremistas de esquerda de ser um fanático de direita.

Doidge diz que esses acusadores não fizeram o dever de casa, e que ele, Doidge, por ter no histórico familiar experiências com extremistas de direita, sabe identificar quem não é extremista. "Jordan é o oposto, e combate o fanatismo", afirma o prefaciador com outras palavras.

Outro ponto que me marcou é a descrição da casa do autor. Doidge relata que Peterson e a esposa decoraram o ambiente com enormes quadros realistas sobre socialismo e comunismo. "Os quadros idolatrando o espírito soviético preenchem completamente todas as paredes, o teto e até o banheiro."

A explicação vem em seguida: "...eles não estão ali porque Jordan tem simpatia pelo totalitarismo, mas porque queria lembrar a si mesmo de algo que todo mundo gostaria de esquecer: que centenas de milhões foram mortos em nome de uma utopia."

Mais adiante, Doidge diz que Jordan é um conhecedor profundo das ideologias, e que o tema é uma das questões para a qual ele alerta os leitores a terem cuidado, não importa quem esteja propagando ou para qual fim.

Então destaca pontos sobre isso: "Ideologias são idéias simples, disfarçadas de ciência ou filosofia, que pretendem explicar a complexidade do mundo e oferecer soluções para aperfeiçoá-lo. Os ideólogos são pessoas que fingem saber como 'fazer um mundo melhor' antes de organizarem o próprio caos interior. Isso é arrogância, é claro, e um dos temas mais importantes deste livro."

> *"As ideologias substituem o conhecimento verdadeiro, e os ideólogos são sempre perigosos quando ganham o poder, pois um comportamento simplista e sabe-tudo não é páreo para complexidade da existência."*

Confesso que é o tipo de coisa que não esperava encontrar no livro de Peterson, mas fiquei feliz ao me deparar com a confirmação de algo que há tempos venho estudando. Até então eu só tinha visto filósofos, teóricos políticos e apologistas levantando bandeiras contra a ideologia. Agora, estendo as referências com um psicólogo clínico e um psiquiatra e psicanalista.

"Mas Paulo, o que isso tem a ver com o assunto deste livro, que é se recusar a dar errado, ter iniciativa, empreender?"

Simples: ter apego ideólogo é uma das formas de falhar, considerando que isso levará você a crer piamente em salvação política e entregar-se ao fanatismo partidário.

"A ideologia é a doença, não a cura", afirmou Eric Voegelin. Consultando Platão, temos o "nosos", a doença do espírito. Em outros termos, ideologia significa precisamente desordem. Ordem e desordem são condições preeminentemente da alma. É a ordem ou desordem da alma que gera e reflete a ordem e a desordem da sociedade.

Platão, no ato de resistir à desordem social de seu tempo, descobriu que a "substância da sociedade é a psique" e que "a sociedade pode destruir a alma de um homem porque a desordem da sociedade é uma doença na psique de seus membros".

Aqui estão os indícios de que a pessoa sofre com a doença da ideologia:

* Crença de que este mundo pode ser convertido num Paraíso terrestre pela ação de uma lei positiva e do planejamento seguro.

* Ausência de dignidade, que tem por consequência a perda do próprio ego e a transformação da mente em um capacho a serviço do Estado totalitário.

* Sustentação de que a natureza humana e a sociedade devem ser aperfeiçoadas por meios mundanos, seculares, embora tais meios impliquem numa violenta revolução social.

- Desonestidade intelectual, que impede de examinar a estrutura da realidade, mas que conduz a procura de símbolos (mesmo os mais distorcidos) que reforcem a fé ideológica.
- Vulgarização do debate: as ideologias vulgarizam as discussões intelectuais, fazendo do debate público uma oclocracia (governo de vulgares).

Essa *doença* pode ser facilmente percebida em pessoas que pensam e falam sobre política em grande parte do tempo; em indivíduos que negam a realidade e não conseguem evitar a influência pelas notícias diárias sobre partidos e candidatos. Tudo isso reflete o fanatismo, "a política da irracionalidade apaixonada", como explicou Russel Kirk.

Coitadinho

"Faça de você mesmo uma ovelha e os lobos te comerão vivos."

— BENJAMIM FRANKLIN

A auto-vitimização aparece com muita frequência nos discursos do brasileiro praticante. É o hábito que faz a pessoa cair na fantasia de que nunca é responsável por nenhuma parte do próprio sofrimento.

Você deve conhecer alguém que está sempre colocando a "culpa" de seus problemas num terceiro. Quem tem o hábito de se auto-vitimizar não percebe que, inconscientemente, acaba estabelecendo as condições para que lhe aconteça exatamente aquilo que não gostaria que ocorresse.

"O mundo tem que mudar, não eu"; "Tudo está contra mim" ou "Só comigo acontecem estas coisas terríveis" é o tipo de frase que pula da boca de quem está preso na armadilha da auto-vitimização. Claro que existem situações reais em que somos vítimas, mas até mesmo depois que elas acontecem, continuar no papel de vítima é uma opção.

É difícil se livrar do *coitadismo?* Sim! A pessoa geralmente não enxerga que está presa a essa armadilha, e por não gostar de ser confrontada, se fecha cada vez mais nessa masmorra psíquica.

Há uma solução para quem está preso nesse hábito nocivo: **assumir a responsabilidade pela própria vida.** Ao fazer isso, a pessoa começa a ver que, apesar de não ter o comando total sobre algumas circunstâncias, pode sempre ter um determinado grau de controle sobre a forma como reage ao que acontece.

É preciso reconhecer as crenças limitantes que você alimenta, tomar as rédeas da própria vida e ter a atitude de não deixar que isso o atrapalhe mais. Começar olhando no espelho e questionando a si mesmo por que certas coisas acontecem é um primeiro passo.

Construir ou militar?

No filme biográfico "Jimi: Tudo a Meu Favor" (2013 — direção: John Ridley), há uma cena que retrata quando Jimi Hendrix conheceu o ativista político Michael X. Em seu apartamento, Michael X pergunta a Hendrix se ele já tinha conhecido a "Inglaterra Negra". Hendrix responde que não separa o povo entre negros e brancos.

Michael rebate: "Mas é assim que é. As pessoas separam." E então decide dar uma aula a Hendrix sobre injustiça e todo o discurso comum de luta de classes. Hendrix fuma seu cigarro e bebe seu uísque com cara de desinteressado.

Quando rola uma pausa, Hendrix diz algo do tipo: "Mas as coisas são difíceis em qualquer lugar do mundo."

Michael fala com expressão de raiva: "Estou falando de irmão para irmão. Eles não vão deixar você subir no palco. Você está brincando com esses garotos brancos, mas são os negros que precisam de você. Eles necessitam de alguém para inspirá-los."

Hendrix mata no peito: "Inspirá-los? Você está me dando um papel que eu não quero ter. Vou tocar minha guitarra para o povo. Todo mundo é o meu povo."

Michael X insiste: "Sua música deveria ter tom de protesto."

Hendrix rebate: "Protesto não resolve, as pessoas querem a solução. Minha filosofia pessoal é minha música. Nada menos que a música — vida — isso é tudo."

Michael X: "Isso é suficiente?"

Hendrix fecha categoricamente: "Então eu deveria ser como você: fumar baseado e falar besteira? Aí eu estaria fazendo o certo? Quer mesmo mudar as coisas? Quando o poder do amor se sobrepuser ao amor pelo poder, o mundo conhecerá a paz."

Como em todo filme biográfico, nesse há uma adaptação dos fatos. Mas a tela que foi pintada sobre o posicionamento de Hendrix diante da investida de Michael X é contundente. Ouço a música de Hendrix desde criança, mas só vim saber quem era Michael X depois de adulto. Não tenho dúvidas de quem fez mais pelo mundo. Apesar de Hendrix não ter sido o melhor exemplo de pessoa, morreu como um gênio da música. Enquanto Michael, como um terrorista.

"Para mudar o mundo, você precisa antes mudar a sua cabeça."

— JIMI HENDRIX

Repensar as crenças

Os psicólogos explicam que quando chegamos aos trinta e poucos anos, nossa identidade ou personalidade estará completamente formada. Isso significa que, se você tem mais de trinta e cinco anos, já memorizou um conjunto selecionado de comportamentos, atitudes, crenças, reações emocionais, hábitos, habilidades, memórias associativas, respostas condicionadas e percepções que agora estão subconscientemente programadas dentro de você.

Esses programas controlam você, porque o corpo se tornou a mente. Isso significa que você terá os mesmos pensamentos, sentirá os mesmos sentimentos, reagirá de maneira idêntica, terá os mesmos comportamentos, acreditará nos mesmos dogmas e perceberá a realidade da mesma maneira.

Cerca de 95% de quem somos na meia-idade é uma série de programas subconscientes que se tornaram automáticos — dirigir um carro, escovar os dentes, comer demais quando estamos estressados, nos preocupar com nosso futuro, julgar nossos amigos etc.

Além disso, como explica James Harvey Robinson, somos apegados aos nossos padrões e ficamos irritados quando alguém os questiona ou critica. "Às vezes, mudamos de idéia sem qualquer resistência e com naturalidade, mas, se nos dizem que estamos errados, ficamos ressentidos e nosso coração endurece. Somos incrivelmente negligentes na formação das nossas crenças, mas somos tomados por uma paixão indevida quando alguém propõe nos livrarmos delas. Claramente, isso não acontece porque nossas idéias nos são caras, mas, sim, porque nossa autoestima é ameaçada."

Mas, diz o Dr. Joe Dispenza: "**Se quisermos mudar algum aspecto de nossa realidade, temos que pensar, sentir e agir de novas maneiras; temos que 'ser' diferentes em termos de nossas respostas às experiências. Temos que 'nos tornar' outra pessoa. Temos que criar um novo estado de espírito... precisamos observar um novo resultado com essa nova mente.**"

Anões empoleirados

Uma das minhas citações preferidas é esta de Isaac Newton: "**Se eu vi mais longe, foi por estar sobre ombros de gigantes.**"

Ela tem base na frase latina *'nanos gigantum humeris insident'*, metáfora dos anões estarem sobre ombros de gigantes, que traz o significado de "descobrir a verdade a partir das descobertas anteriores".

Esse conceito tem origem no século XII, e é atribuído a Bernardo de Chartres.

Reconhecer a própria pequenez diante de homens mais sábios e sagazes que viveram antes. Está aí algo que o homem pós-moderno parece ter cada vez mais dificuldade de conceber.

Isso fica ainda mais evidente nas últimas gerações, que pegaram o suprassumo do progresso tecnológico e acreditam que "tudo nasceu pronto". "Mas nós temos o Google e os sites de notícias", pensam.

Eu acho curioso que alguns nem desconfiam que aquilo que consideram a última palavra sobre determinados assuntos já pode ter sido refutado há centenas de anos por um sábio que vivia em uma cabana de madeira no meio da floresta.

"Quanto mais longe você conseguir olhar para trás, mais longe você verá para frente", declarou o notório líder político Winston Churchill.

O filósofo Platão ensinou que: **"O homem sábio sempre desejará estar sob a dependência de quem é melhor que ele."**

"Aqui jaz um homem que soube ter junto a si homens que eram mais inteligentes que ele", afirmou Andrew Carnegie, o homem mais rico do mundo de sua época.

Ralph Waldo Emerson, o poeta norte-americano escreveu que: **"Todo o homem que encontro me é superior em alguma coisa. E, nesse particular, aprendo com ele."**

Portanto, quem somos nós para nos considerar superiores?

Continue

"Se tentou e fracassou, se planejou e viu seus planos ruírem, lembre-se de que os maiores homens da história foram produtos da coragem, e a coragem bem sabemos, nasce no berço da adversidade."

— NAPOLEON HILL

Moral forte perante o perigo e os riscos; bravura, intrepidez; firmeza de espírito para enfrentar situação emocional ou moralmente difícil. Assim o dicionário define *coragem*.

A palavra vem do latim cor, que significa coração. Os romanos consideravam que a coragem tem mais a ver com o coração do que com a razão.

Coragem é tida como força, uma força da alma, uma das quatro virtudes cardinais.

Já Platão relaciona coragem, razão e dor. A coragem é o uso da razão a despeito do prazer.

Uma pessoa corajosa é coerente com seus princípios a despeito do prazer e da dor.

Os animais (mesmo os irracionais) demonstram coragem principalmente devido aos seus instintos primitivos e pela necessidade de sobrevivência.

Por exemplo, um pássaro que sai de seu ninho sabe que pode morrer, mas a necessidade de sobrevivência fala mais alto e assim surge a coragem de voar.

O que falta para nós em muitas situações é a coragem — incluindo a coragem de continuar.

Seja muito feliz

Bem-aventurado é um adjetivo que vem do grego *makarios* e significa "muito feliz". Bem-aventurança é a suprema felicidade, que só é alcançável pelos santos e justos. No Sermão da Montanha, Cristo apontou oito perfis de bem-aventurados:

1. As pessoas que sabem que são espiritualmente pobres;
2. As pessoas que choram;
3. As pessoas humildes;
4. As pessoas que têm fome e sede de fazer a vontade de Deus;
5. As pessoas que têm misericórdia dos outros;
6. As pessoas que têm o coração puro;
7. As pessoas que trabalham pela paz;
8. As pessoas que sofrem perseguições por fazerem a vontade de Deus.

Cada bem-aventurança consiste de duas partes: uma condição e um resultado. Expus, aqui, apenas as condições. Elas apresentam um conjunto de ideais, com foco no amor e na humildade, ecoando ensinamentos de espiritualidade e compaixão. Estou convicto de que quem os adotar como padrão de vida colherá as mais ricas dádivas, agora e no porvir.

"Descobri que não há nada melhor para o homem do que ser feliz e praticar o bem enquanto vive."

— ECLESIASTES 3:12

AS ÚNICAS IDÉIAS VERDADEIRAS

> *"E eu sei o que eu tenho que fazer agora. Eu tenho que continuar respirando, porque amanhã o sol vai nascer, e quem sabe o que a maré vai me trazer?"*
>
> — CHUCK NOLAND, EM O NÁUFRAGO

Porque a vida é um verdadeiro caos.

O homem suspeita disso; mas tem pavor de se encontrar cara a cara com essa realidade terrível e procura camuflá-la com uma cortina ilusória, onde tudo está muito claro.

Não se importa que suas 'idéias' não sejam verdadeiras; usa-as como trincheiras para se defender da sua vida, como impulso para afastar a realidade.

O homem de cabeça clara é aquele que se liberta dessas 'idéias' ilusórias e olha a vida de frente, que assume que tudo é problemático nelas, e se sente perdido.

Como isso é a pura verdade — ou seja, que viver é se sentir perdido —, aquele que aceita isso já começou a se encontrar, já começou a descobrir sua autêntica realidade, já está em terra firme.

Instintivamente, como o náufrago, buscará algo a que se agarrar, e essa busca trágica, definitiva, absolutamente verdadeira, porque se trata de se salvar, o fará ordenar o caos de sua vida.

Essas são as únicas idéias verdadeiras: as idéias dos náufragos.

O resto é retórica, postura, farsa íntima.

Aquele que não se sente verdadeiramente perdido — explica Ortega Y Gasset —, perde-se inevitavelmente; quer dizer, jamais se encontra, nunca encara a própria realidade.

POSFÁCIO

Paulo Maccedo escreveu aqui um livro muito diferente de tudo que já publicou, como ele mesmo afirma no início.

Em *Eu me Recuso a Dar Errado* encontramos parte da biografia de Maccedo, mas será que a história da infância do Paulo e do início de sua vida adulta é tão diferente das nossas histórias?

Creio que não, pois quando lia, me via em muitos momentos ali narrados. Acredito que até você, leitor, reconheceu os instantes que passou por histórias parecidas, não é mesmo?

A questão é que Paulo — como ele explicou várias vezes no livro — se recusou a dar errado na vida. Ele usou suas circunstâncias para se tornar o profissional que é hoje: respeitado, importante e referência no que faz.

Se você leu bem, o Paulo lhe deu as chaves do castelo, basta usá-las (ou não). São chaves que, como ensinou Claude Hopkins, no seu indispensável *A Ciência da Publicidade*, foram testadas na prática.

Ou seja, Paulo Maccedo não é mais um falso marqueteiro que surgiu nesse pandemônio que vivemos; ele é um brasileiro não praticante, e se você usar essas chaves, você também o será.

Há muitas citações no livro, de filósofos a físicos, isso nos mostra — mais uma vez — que para aqueles que se recusam a dar errado é preciso estudar não só sua área, mas procurar estar atento ao arsenal de conhecimentos ao seu redor.

Você, leitor, anotou o nome de todos os autores citados ou foi mais um brasileiro praticante? Se não anotou, recomendo que leia o livro mais uma vez, mas, agora, faça uso de todas as chaves e abra novas portas e descubra os novos cômodos desse grande castelo que é o conhecimento.

Gabriel Santana,
Crítico, Editor e Professor.

AGRADECIMENTOS

A Deus pelo dom que me concedeu, pela vida que soprou em mim.

À minha família, principalmente minha esposa, Patricia, e meus dois rapazinhos, Gabriel e Benício.

Aos malucos do Motim: Rodrigo Oliveira, nosso Seymour Glass, pelo magnífico prefácio; Gabriel Santana, pelas consultorias gratuitas e pelo posfácio; Igor Barbosa pelo trabalho de pré-edição neste livro e pelos textos que compõem as orelhas.

À maravilhosa equipe, principalmente Anderson, Mariana, Renato e Lailson.

Aos amigos e editores, Alexandre e Sergio.

A todos os meus queridos alunos e leitores.

E se você se transformasse em um bunker?

Parabéns! Agora que você finalizou a leitura, te convido a avançar. Conheça o curso que fiz especialmente para os meus alunos e leitores mais chegados. O link abaixo dará a você todas as informações sobre ele. Acesse agora mesmo!

www.paulomaccedo.com/codigo-bunker

UMA LISTA DE LIVROS

Sêneca: *Sobre a Brevidade da Vida*

Epicteto: *Manual*

Aurélio, Marco: *Meditações*

Ortega Y Gasset, José: *A Rebelião das Massas*

Peterson, Jordan: *12 Regras Para A Vida*

Frankl, Viktor: *Em Busca de Sentido*

Bregman, Rutger: *Humanidade: Uma história otimista do homem*

Dispenza, Joe: *Quebrando o hábito de ser você mesmo: Como reconstruir sua mente e criar um novo eu*

Hill, Napoleon: *A Lei do Triunfo*

Hill, Napoleon: *Atitude Mental Positiva*

Chesterton, G.K.: *O Homem Eterno*

Glass, Seymour: *Ensaios sobre os deuses depressivos*

Voegelin, Eric: *História Das Idéias Políticas*

Carnegie, Dale: *Como Fazer Amigos e Influenciar Pessoas*

DVS EDITORA

www.dvseditora.com.br

Impressão e Acabamento | Gráfica Viena
www.graficaviena.com.br
Santa Cruz do Rio Pardo - SP